O livro do
DISCÍPULO

O livro do
DISCÍPULO

O acompanhamento espiritual

Tradução:
Raniéri de Araújo Gonçalves

LUIS MARÍA GARCÍA DOMÍNGUEZ, SJ

Título original:
El libro del discípulo. El acompañamiento espiritual,
by Luis María García Domínguez, SJ
© Editorial Sal Terrae, 2019
Grupo de Comunicación Loyola, S. L. U. – Bilbao (Spain)
gcloyola.com
ISBN 978-84-293-1910-1

Dados Internacionais de Catalogação na Publicação (CIP)
(Câmara Brasileira do Livro, SP, Brasil)

García Domínguez, Luis María
 O livro do discípulo : o acompanhamento espiritual / Luis María García Domínguez ; tradução Raniéri de Araújo Gonçalves. -- São Paulo : Edições Loyola (Aneas), 2024. -- (Espiritualidade Inaciana)

 Título original: El libro del discípulo : el acompañamiento espiritual
 Bibliografia.
 ISBN 978-65-5504-420-1

 1. Direção espiritual 2. Discípulos 3. Vocação - Cristianismo 4. Vida cristã I. Título. II. Série.

24-237501 CDD-248.34

Índices para catálogo sistemático:
1. Direção espiritual : Cristianismo   248.34
Cibele Maria Dias - Bibliotecária - CRB-8/9427

Preparação: Mônica Glasser
Capa: Ronaldo Hideo Inoue
 Composição sobre montagem das ilustrações generativas de © Graphic Dude sobre fundo generativo de © Eyepain (© Adobe Stock).
 Imagens editadas a partir dos originais.
Diagramação: Sowai Tam

Edições Loyola Jesuítas
Rua 1822 n° 341 – Ipiranga
04216-000 São Paulo, SP
T 55 11 3385 8500/8501, 2063 4275
editorial@loyola.com.br
vendas@loyola.com.br
www.loyola.com.br

Todos os direitos reservados. Nenhuma parte desta obra pode ser reproduzida ou transmitida por qualquer forma e/ou quaisquer meios (eletrônico ou mecânico, incluindo fotocópia e gravação) ou arquivada em qualquer sistema ou banco de dados sem permissão escrita da Editora.

ISBN 978-65-5504-420-1

© EDIÇÕES LOYOLA, São Paulo, Brasil, 2024

Sumário

Apresentação 7

I. O que é o acompanhamento espiritual 11
   1. O que é o acompanhamento espiritual 13
      Tipos de acompanhamento 18
   2. Iniciar um acompanhamento 21
   3. A relação de acompanhamento 24
      Perfis diferentes 27

II. Sobre o que falar no encontro 31
   1. Os primeiros encontros 31
   2. A vida cristã: ouvir e responder a Deus 35
      A resposta cristã 41
   3. A própria história e pessoa 43
      Pessoa, imagem, motivações 46
      Trabalhos e atividades 49
      Família, grupo cristão, comunidade 51
   4. Sexualidade e afetividade 54
   5. Conflitos de todo tipo 57

III. Discernir a vocação 63
   1. Deus nos chama a todos 64
   2. Discernir a própria vocação 66
   3. Condições básicas para uma vocação consagrada 70

4. Sinais de uma vocação	75
5. Viver a vocação	79
Resistências e decisão	82
6. Quando fazer um discernimento vocacional	84

IV. Como falar: o desenvolvimento do encontro 89
1. Dificuldades no encontro 89
    A incerteza 90
    O silêncio 91
    Falar demais 95
    Dificuldades de relacionamento 98
2. Atitudes do discípulo no acompanhamento 102
    Para uma comunicação mais significativa 105
3. Preparar o encontro 108
    Antes do encontro 108
    Durante o encontro 110
    O diálogo no encontro 111
    Depois do encontro 113

V. Praticar o que foi dito no encontro 117
1. Praticar a vida cristã 117
    Instrumentos 123
2. Discernir a cada dia 127
    Discernir a oração 128
    Discernir a vida 131
    Discernir o bem 134
3. Tomar decisões 137
    Disposições para a eleição 140
    Dispor-se espiritualmente 142
    Três procedimentos para a eleição 144
4. Terminar o acompanhamento espiritual 151

Epílogo. Deus nos acompanha em nossa vida espiritual 155
Deus nos acompanha 155
A vida espiritual como caminho interior 157
O mundo interior 159

Referências bibliográficas 163

Apresentação

Este livro trata do acompanhamento espiritual e é especialmente voltado para pessoas que buscam ou que talvez já tenham esse tipo de relacionamento espiritual. Pretende explicar o que é esse diálogo espiritual entre duas pessoas, em que consiste e como as conversas e a relação de acompanhamento podem ser aproveitadas da melhor forma possível.

O conteúdo do livro segue as perguntas que uma pessoa que deseja ser acompanhada espiritualmente costuma fazer a si mesma. Em primeiro lugar, indica (no Capítulo I) o que se entende por acompanhamento espiritual, em que consiste essa antiga prática na Igreja, que objetivos persegue e que meios utiliza. A seguir (no Capítulo II) são indicados os diferentes temas de conversação que podem ocupar o diálogo de acompanhamento, para se ter uma referência das diversas áreas que mais cedo ou mais tarde devem ser examinadas no diálogo espiritual. Além disso (no Capítulo III), são fornecidas chaves para abordar o discernimento da própria vocação, um tema que com muita frequência convém ser discutido no acompanhamento. Trata-se daquele chamado particular que Deus nos faz, daquele convite para escolhermos um estado de vida ou para sermos fiéis à vocação já escolhida; neste capítulo, são indicados alguns critérios para compreender uma possível vocação sacerdotal ou religiosa.

Os temas indicados para o diálogo de acompanhamento podem ser tratados de várias maneiras e, por isso, são acrescentadas algumas orientações para preparar os encontros e desenvolvê-los de forma mais proveitosa (Capítulo IV). A seguir, várias sugestões são feitas para trazer para a vida cotidiana as questões discutidas na conversa, para discernirmos por nós mesmos na vida cotidiana e, finalmente, para nos comprometermos com nossa vida cristã de acordo com nossa própria vocação (Capítulo V). Nas páginas finais do breve Epílogo, são mostrados alguns fundamentos da abordagem dada neste livro ao acompanhamento espiritual e à vida espiritual, que toma muitos de seus conceitos de uma antiga tradição cristã cheia de sabedoria, embora sejam relidos hoje com categorias mentais atuais.

Estas páginas são pensadas e escritas para o *discípulo*[1], para quem inicia ou continua um itinerário espiritual com a ajuda de outra pessoa e que, de alguma forma, se coloca em suas mãos com o desejo de ser guiado para melhor trilhar o próprio caminho. É por isso que o livro é escrito em tom claro e direto, sem introduzir todas as nuances nas declarações que são feitas, para não atrapalhar o diálogo intelectual do leitor ou leitora com a visão central que se propõe; optou-se pela clareza em vez de precisão matizada e sutil. Pelo mesmo motivo, e para não distrair o leitor, não se incluem notas bibliográficas sobre a orientação espiritual, embora numerosas leituras tenham sustentado a síntese aqui apresentada. São feitas apenas algumas alusões à Sagrada Escritura e ao Concílio Vaticano II, embora também sejam citados textos específicos de Santo Inácio de Loyola e Santa Teresa de Jesus. E isso porque o primeiro inspira em

---

1. *Discípulo e discípula.* Usaremos o masculino ou o feminino indistintamente para nos referir tanto a acompanhantes quanto a acompanhados e acompanhadas; é claro que homens e mulheres podem desempenhar ambos os papéis.

grande parte a abordagem do acompanhamento espiritual que aqui se apresenta, e a santa de Ávila, além de oferecer um olhar de mulher, pode ser um protótipo genial de uma experiência espiritual culminante, entrelaçada de trabalho e alegria, e narrada com uma força existencial talvez inigualável.

O livro visa encorajar todas as pessoas interessadas em seu crescimento pessoal, e que não possuem esse tipo de diálogo espiritual, a buscar acompanhamento espiritual. Talvez isso ocorra por falta de iniciação, desconfiança, receio, timidez ou abandono. Um pouco de acompanhamento espiritual pode ajudar muito qualquer pessoa de boa vontade que queira seguir Jesus Cristo com entusiasmo. Este escrito também quer ajudar aqueles que já possuem algum tipo de orientação espiritual e desejam tirar o máximo proveito desse relacionamento. No entanto, estas páginas são apenas um auxílio e remetem necessariamente cada discípulo e discípula à relação pessoal com seu acompanhante espiritual, que poderá propor a palavra mais precisa, esclarecer conceitos duvidosos, aplicar a melhor pedagogia e acomodar o que é dito ou omitido aqui. Isso porque o acompanhamento espiritual é um caminho vivo que não pode ser substituído por livros.

* * *

Há anos dedico muito tempo acompanhando espiritualmente outras pessoas, em diferentes modalidades. Certamente, tenho muita confiança nesse instrumento pastoral que é o acompanhamento espiritual, tão antigo e tão utilizado dentro e fora da Igreja. Devo dizer que desde muito jovem experimentei os benefícios do acompanhamento em toda minha pessoa. Também durante minha formação religiosa e sacerdotal recebi um atendimento muito personalizado, baseado na escuta, no respeito, na proposta, no discernimento evangélico e no olhar sobre o mundo. Talvez dessa experiência, que outras pessoas também tiveram, venha a certeza de que vale a pena se beneficiar do acompanhamento espiritual por algum período da vida.

Pessoalmente, sinto-me profundamente grato a todos que me acompanharam espiritualmente ao longo da minha vida, pelo cuidado e pela contribuição para meu crescimento humano e espiritual. E agradeço também às pessoas que me pediram para acompanhá-las espiritualmente, pela confiança que depositaram em mim e no meu ministério. Dessas experiências, aprendi tudo o que está escrito neste livro.

I
O que é o acompanhamento espiritual

Este capítulo tenta responder à pergunta sobre o que é o acompanhamento espiritual e como esse diálogo entre duas pessoas se insere no conjunto da vida espiritual cristã que cada um de nós é convidado a viver.

Nós cristãos temos a profunda convicção de que Deus nos conhece, nos olha, nos escuta, cuida de nós, está perto de nós, nos espera depois das nossas hesitações[1]. Essa segurança é fruto da nossa fé e, ao mesmo tempo, alimenta a confiança que sentimos, sabendo que estamos profundamente acompanhados. Esse sentimento nos torna melhores e nos leva a olhar para os outros como irmãos, a rezar com confiança e a nos colocar livremente diante daquele Deus que conhece os nossos pensamentos mais íntimos e os sentimentos do nosso coração: "Tu me sondas e me conheces" (Sl 139,1).

---

1. Tal é a experiência de Santa Teresa: "Bendito seja Ele para sempre, que tanto me esperou". TERESA DE JESÚS, Libro de la Vida, Prólogo, 2, in: *Obras completas*, Monte Carmelo, Burgos, ⁵2000. (Em algumas citações dessa obra, atualizamos ligeiramente a grafia original, para facilitar ao leitor). Trad. bras.: TERESA DE JESUS, *Livro da Vida. Leitura orante e pastoral*, São Paulo, Loyola, ⁵2015. Nas citações seguintes desta obra, usaremos o texto desta tradução brasileira. (N. do T.)

Mas o Deus com quem nos relacionamos com essa confiança é muito mais do que um interlocutor importante na nossa vida, pois, como diz São Paulo, "Nele, vivemos, nos movemos e existimos" (At 17,28). Somos criados por Deus como fruto do seu amor, e, por causa desse mesmo amor, somos chamados a regressar a ele por meio de um caminho espiritual que envolve toda a nossa vida e a nossa pessoa. Um caminho que percorremos, por assim dizer, na nossa vida espiritual. Não entendida como uma vida imaterial, mas como uma existência histórica, concretamente relacionada com pessoas e objetos, com circunstâncias e sentimentos, feita de realidades e fantasias, de expectativas e conquistas, frustrações e fracassos. E, assim, uma relação com Deus que se estabelece necessariamente no meio dessas manifestações da vida, e com todas as suas ambivalências, será um tema central do nosso acompanhamento espiritual.

O acompanhamento espiritual pretende apenas nos ajudar nesse caminho de retorno ao Pai. Por isso, podemos entender essa relação espiritual como uma *relação triangular* em que não estão presentes apenas dois interlocutores (o acompanhante e a pessoa acompanhada), mas também há sempre um terceiro, que é Deus, que sempre ilumina e move o acompanhante, o qual discerne o que dizer da parte de Deus. E, claro, Deus sempre move a pessoa acompanhada a buscar e aplicar as moções espirituais que sente dentro de si. A relação é triangular, porque Deus inspira igualmente os dois interlocutores e porque o Espírito está sempre presente no processo espiritual que é acompanhado[2].

---

2. O acompanhante também deve atender a essa presença de Deus, porque é ele quem se comunica diretamente com cada pessoa: IGNACIO DE LOYOLA, *Ejercicios Espirituales* (edição de Cândido de Dalmases), Sal Terrae, Santander, 2004, n. 15. Trad. bras.: INÁCIO DE LOYOLA, *Exercícios Espirituais*, São Paulo, Loyola, ³2006, col. Escritos Inacianos, n. 15. Nas citações seguintes desta obra, usaremos o texto desta tradução brasileira. (N. do T.)

Nessa perspectiva, muitas vezes entendemos aqui a nossa relação com Deus como um *caminho* a percorrer, como um itinerário espiritual. Embora existam muitas outras figuras possíveis para expressar essa relação[3], nas páginas seguintes iremos repetidamente referir-nos à metáfora do caminho. Essa é uma imagem que facilita o apelo à nossa iniciativa, à busca pessoal pelo discernimento, à nossa responsabilidade, à necessidade de tomar decisões todos os dias para escolher a direção de nossa existência. Pois o acompanhamento espiritual cristão não nos exime do exercício adulto da nossa liberdade.

Dessa forma, o acompanhamento espiritual se situa no cruzamento de um sentimento e de uma evidência. Por um lado, o desejo sincero de buscar pessoalmente o caminho espiritual que Deus quer que percorramos todos os dias; e, por outro, a comprovada convicção de nossa pobreza, pois é muito mais difícil acertar o caminho quando vamos sozinhos, de modo que a ajuda respeitosa de um guia facilita nossa busca.

1. O que é o acompanhamento espiritual

O que hoje se costuma chamar de "acompanhamento espiritual" teve e ainda tem *muitos nomes*. Uma expressão muito frequente no século passado é a "direção espiritual", mas também podemos ouvir e ler outras expressões, como "diálogo pastoral", "diálogo ou colóquio espiritual", "direção de consciência", "guia", "reunião de ajuda espiritual", "relação de ajuda"... e muitas outras. Cada expressão sublinha algum aspecto específico, mas, para nossa consideração, agora não é importante tanto o nome que lhe damos,

---

3. As imagens bíblicas de fundo que iluminam a relação com Deus são, entre muitas outras, as do chamado, da escuta, da aliança, da conversão, do serviço, da sabedoria, do seguimento, da imitação, da promoção, do crescimento, do amadurecimento, da amizade etc.

mas sim o que acontece nessas conversas. O que nestas páginas se entende por *acompanhamento espiritual* é uma relação permanente entre duas pessoas, em que uma delas, por meio de conversas frequentes, ajuda a outra a buscar e a realizar a vontade de Deus, segundo sua vocação particular; vontade essa buscada por meio do discernimento espiritual, com o uso de diversos recursos verbais e outros instrumentos pastorais. Esta breve definição pode ser mais bem compreendida se detalharmos alguns de seus elementos, olhando as coisas do ponto de vista da pessoa acompanhada. É o que faremos a seguir.

O acompanhamento individual estabelece uma *relação interpessoal* entre duas pessoas. Apoia-se em uma série de conversas, mais ou menos frequentes e periódicas, em que falamos e a outra pessoa (homem ou mulher) nos escuta. Nelas, comunicamos o que nos preocupa, nos alegra ou nos desorienta em nossa vida cristã. No acompanhamento, procuramos ser compreendidos e que nos ajudem a compreender a nós mesmos. Procuramos nos explicar e ser confirmados se estamos certos ou errados; buscamos orientação, embora não queiramos soluções prontas. É por isso que nos abrimos com nosso acompanhante, sem esperar que ele ou ela nos retribua com sua própria confidência ou nos conte sobre suas preocupações. Portanto, a conversa que ocorre no acompanhamento não é uma conversa comum entre iguais ou entre amigos. A confiança que se gera é grande, embora não seja exatamente de ida e volta. Trata-se, portanto, de uma relação estreita, mas assimétrica.

Outra característica do acompanhamento é que nele pretendemos *buscar e encontrar a vontade de Deus*, para depois colocá-la em prática. Todo cristão busca a Deus no segredo de sua oração e no cotidiano de sua vida; porém o acompanhamento nos ajuda a descobrir os seus sinais, a recordar a sua linguagem comum e habitual, a interpretar os seus sinais e também a reconhecer a nossa resistência. Embora Deus se comunique de muitas maneiras, a oração é considerada como uma forma universal e privilegiada de experimentar a Deus; por isso, começar pela oração e ajudar a discerni-la costuma ser uma tarefa habitual de todo acompanhamento. Supõe-se que a pessoa que nos acompanha tenha alguma experiência pessoal de Deus, porque senão não poderia nos ensinar ou compreender plenamente nenhuma de nossas experiências. Todavia, não é necessário que tenha vivido e conhecido exatamente todas as situações que vivenciamos. Jesus também não era romano, publicano ou pescador, mas entendia muito bem os centuriões, cobradores de impostos e pescadores da Galileia.

Do acompanhante queremos, acima de tudo, que nos ofereça um pouco de luz para o caminho, e não tanto que nos forneça soluções muito pensadas. Sem receber a segurança que um acompanhante mais diretivo dá no curto prazo, parece melhor que, acompanhados, usemos com frequência nossa *iniciativa pessoal*, mesmo correndo o risco de errar. Pois, no acompanhamento, devemos ir além da nossa insegurança medrosa ou da nossa autonomia rebelde para buscar resolutamente uma resposta honesta à nossa preocupação cristã. E essa resposta será sempre pessoal, assim como é pessoal a Palavra que Deus dirige ao coração de cada ser humano. Esse chamado e a resposta pessoal pedem, em muitos momentos, que se use o discernimento espiritual para buscar e encontrar a vontade divina. Certamente, o bom acompanhamento favorece o discernimento pessoal na vida, porém, esse discernimento, para ser completo, requer um confronto com outra pessoa espiritual[4]. Dessa forma, no diálogo de acompanhamento há espaço para discernimento, mas também para instrução, orientação e confirmação do caminho.

---

4. Pois bem, apenas com os próprios critérios (ou com maus conselheiros) os erros podem perpetuar-se: "Fiquei com essa cegueira, creio eu, por mais de dezesseis anos, até que um padre dominicano, grande erudito, dissipou esses erros": TERESA DE JESUS, *Livro da Vida*, 5,3.

O que o acompanhamento busca principalmente é a vontade de Deus para cada um. Mas também pode haver *outros fins intermediários* e outros efeitos derivados desse objetivo principal que também sejam convenientes. Por exemplo, temos que saber nos acalmar mentalmente antes de praticar a oração e nos conhecer minimamente antes de lutar contra nossos defeitos. Portanto, saber acalmar o espírito e aprender a se conhecer um pouco melhor podem ser objetivos parciais que um acompanhamento espiritual se propõe, por determinado tempo, para atingir outros objetivos importantes.

Outros fins parciais do acompanhamento podem ser bem mais instrumentais. Por exemplo, o acompanhante de um estudante pode propor que ele estude com mais seriedade, que colabore algumas horas por semana em algum trabalho voluntário ou que se dê melhor com o irmão mais novo. O acompanhamento de uma freira pode também ajudá-la a aceitar melhor a sua missão atual (que ocorre em uma escola na Europa, embora ela queira ir para uma clínica na África), ou a integrar-se melhor na sua comunidade. O acompanhante de um profissional casado pode lhe propor por um tempo que harmonize melhor sua vida profissional e os cuidados com sua família. E assim por diante. Mas todos esses, e muitos outros possíveis, são apenas objetivos parciais do acompanhamento, mesmo que pareçam necessários. De fato, devem ser assumidos e elevados como importantes, tendo sempre em conta o objetivo final de cada acompanhamento. Isso porque ter muitos objetivos intermediários não garante a busca de um objetivo final, enquanto um objetivo claro pode servir para articular diferentes objetivos intermediários.

Nessa perspectiva, é possível, e pode ser muito sensato, que nós, como pessoas acompanhadas, e nossos acompanhantes, junto conosco, nos proponhamos algumas dessas tarefas como etapas necessárias à nossa resposta a Deus. Essas tarefas podem ser formuladas em quatro ou cinco grupos de *objetivos intermediários*. Um dos propósitos do acompanhamento é nos conhecermos como pessoas e conhecermos o mundo em que vivemos; por isso, certo nível de introspecção e análise da realidade que nos cerca parece necessário para nossa vida espiritual. Outra finalidade do acompanhamento, em segundo lugar, é a aceitação realista e madura do nosso modo de ser e da nossa história pessoal, bem como das circunstâncias históricas e existenciais que temos de viver no presente. Além de se conhecer, também é importante se aceitar. E esse trabalho de autoaceitação pode ser difícil, mas é importante estabelecer o diálogo evangélico com o Deus que nos fala; embora, por outro lado, o Evangelho mesmo possa ser motivo para uma melhor autoaceitação, à luz da Palavra de Deus.

Em terceiro lugar, nosso acompanhante pode indicar-nos, quando necessário, quais são as verdadeiras atitudes cristãs em determinadas situações e quais são algumas implicações morais e práticas da nossa vida de fé. Ele deve especificar como uma vida teologal de fé, esperança e caridade se manifesta em nossas circunstâncias particulares. Contudo, você não precisa se conhecer e se aceitar perfeitamente para conhecer e viver o Evangelho. A fé propõe valores muitas vezes contrários aos valores sociais vigentes e até diferentes dos critérios do senso comum. No entanto, uma vez que esses valores são aceitos por nós, o acompanhamento pode propor um quarto objetivo, que é nos ajudar a mudar pessoalmente à luz desses valores. O Evangelho procura mudar aquele que o acolhe, pois é uma semente que tem em si uma força intrínseca de crescimento (cf. Mc 4,26-29).

Ainda podemos acrescentar brevemente outra característica do acompanhamento espiritual cristão, segundo a qual esse diálogo de ajuda que buscamos ocorre *dentro da Igreja*, onde nasce e cresce nossa fé, e geralmente é orientada com referência a seus parâmetros doutrinários e moral. É lógico que o acompanhante deve permanecer fiel a essa comunidade de significado, embora, como acompanhantes, às vezes percebamos a Igreja como visível e invisível, santa e pecadora, humana e divina, expressão e véu da presença de Deus neste mundo⁵. Certamente, como acompanhados podemos nos sentir mais ou menos à vontade dentro daquela Igreja específica (universal e local) à qual pertencemos; porém devemos pelo menos manter o benefício da dúvida, no sentido de querer, junto com nosso acompanhante, encontrar o Deus em quem tantos acreditaram e responderam de tantas maneiras diferentes dentro da Igreja⁶.

Tipos de acompanhamento

Existem diferentes tipos de acompanhamento, pois podem variar sua duração, a ordem dos objetivos propostos, o método que inspira o encontro, os recursos utilizados, e muitas outras variáveis. Quanto à *duração*, já aludimos aos encontros esporádicos que servem para consultas pontuais, sem pretensão de continuidade. Mas, geralmente, a relação de acompanhamento espiritual é estabelecida por um determinado período de tempo (alguns meses, um ano letivo, um ano civil ou um período formativo), pois é preferível estabelecer um acordo temporário, que pode ser revisto posteriormente, em vez de deixar o compromisso como um acordo completamente aberto, sem data final.

Por outro lado, podemos falar de três tipos principais de acompanhamento espiritual devido à abordagem global adotada, tanto pelo acompanhante quanto pelo acompanhado. Simplificando estas perspectivas, derivadas das ciências humanas, podemos constatar, em primeiro lugar, que existe uma abordagem mais *centrada nos temas*, em que a questão ou o problema levantado é analisado

---

5. Cf. Concílio Vaticano II, *Lumen Gentium*, n. 8; *Sacrosanctum Concilium*, n. 2.

6. "Crendo que entre Cristo, nosso Senhor, o esposo, e a Igreja, sua esposa, é o mesmo Espírito que nos governa e dirige [...], pois o mesmo Espírito e Senhor nosso, que deu os Dez Mandamentos, rege e governa a nossa santa mãe, a Igreja": Inácio de Loyola, *Exercícios Espirituais*, n. 365.

de forma mais ou menos racional e espiritual, procurando possíveis soluções. É um acompanhamento destinado a facilitar a resolução de um problema mais ou menos duradouro ou de uma situação complexa, como: tomar uma decisão com critérios cristãos sobre estudos universitários ou um emprego estável; escolher o próprio estado de vida; ou a melhor solução para uma crise conjugal.

Há outras pessoas que procuram ajuda no acompanhamento para enfrentar aspectos muito antropológicos, como baixa autoestima, grande dificuldade de relacionamento, uma fase de tom um tanto depressivo, algum problema persistente de raiz afetiva ou sexual. Todos esses exemplos parecem mostrar uma abordagem focada no problema, para que o acompanhamento termine quando o problema estiver resolvido ou, pelo menos, um pouco encaminhado.

Outras vezes, o acompanhamento não é propriamente orientado para resolver um problema, mas sim para iniciar ou consolidar uma vida espiritual, para a qual o acompanhante propõe uma pedagogia de interioridade, inicia diversos métodos de oração ou ensina a praticar a *lectio divina*. Também aqui há um tema (começando na experiência espiritual) que enfoca o trabalho dos interlocutores e seus encontros.

Mas há um segundo tipo de acompanhamento mais *centrado na pessoa*, já que as questões levantadas no encontro perdem logo o seu protagonismo, e o interesse centra-se gradualmente na pessoa que faz as perguntas, e não mais nos seus problemas. O acompanhante, nesse caso, busca fortalecer a capacidade de lidar com os conflitos a partir das potencialidades que a pessoa possui, recursos talvez adormecidos. A força desse tipo de acompanhamento consiste em responsabilizar a pessoa pela resolução de seus problemas e em criar condições favoráveis para que ela confie adequadamente em si mesma. A pessoa acompanhada geralmente adquire essa confiança pouco a pouco, sentindo-se escutada, acolhida, respeitada e entregue à própria iniciativa. Esse tipo de acompanhamento pode terminar quando a pessoa se sente forte o suficiente, entende que pode enfrentar a vida sozinha e talvez não precise mais continuar com os encontros.

Em terceiro lugar, poderíamos falar de um acompanhamento mais *centrado no processo espiritual* pelo qual passa a pessoa acompanhada. Nessa abordagem, não são realmente as questões que estão no centro do trabalho de acompanhamento, nem mesmo a segurança pessoal e as capacidades da pessoa como tal, mas, levando em conta os problemas e a pessoa específica, o acompanhamento centra-se mais na meta a que tal pessoa específica é chamada, atende à vocação à qual deve responder, busca o crescimento contínuo em Cristo... E, olhando para aquela meta, compreende e indica com mais certeza o trecho do caminho que nesse momento a pessoa acompanhada deve percorrer. Assim, os diferentes problemas que surgem como partes desse processo são compreendidos, podendo o sujeito enfrentá-los com mais ou menos facilidade, mas sempre buscando continuar no caminho iniciado pelo serviço divino. O importante é percorrer bem essa parte do caminho, que aponta para um objetivo específico. Essa perspectiva pode ser apoiada por itinerários espirituais conhecidos que o sujeito incorpora na sua espiritualidade, como o caminho evangélico do discípulo, um caminho espiritual inspirado no ciclo litúrgico ou um itinerário espiritual de alguma tradição espiritual, formulada em termos de ciclos, semanas, moradas ou subidas.

Embora esses três modelos de acompanhamento sejam visões um pouco simplificadas, e cada um deles possa integrar elementos dos outros dois, a verdade é que essa perspectiva pode nos ajudar, enquanto pessoas acompanhadas, a compreender um pouco melhor como queremos nos situar no acompanhamento: se levantando várias questões, fortalecendo nossas pessoas ou enfrentando os desafios de nosso longo caminho cristão. Embora tudo seja benéfico, o acento do nosso interesse condicionará o tipo de acompanhamento que receberemos e seus efeitos.

2. Iniciar um acompanhamento

O acompanhamento costuma ser fruto de uma conversa com outra pessoa que entende a vida de uma perspectiva semelhante à nossa, pois ajuda muito a um fiel lidar com outros fiéis, de modo que se ajudem mutuamente a viver sua fé[7]. E essas conversas podem surgir em contextos muito diferentes. De fato, a Igreja oferece muitos espaços onde podemos encontrar uma pessoa que nos escute, nos compreenda e nos dê alguma luz em nossa caminhada cristã. Depois da família, para algumas pessoas, *a paróquia* é o ambiente natural para o crescimento da fé e onde encontram alguém com quem podem ter um diálogo pastoral orientador, em algum momento de suas vidas. Pode ser o padre, o catequista da crisma, o monitor do grupo de jovens, a freira que dirige algumas atividades... Às vezes, esse diálogo pastoral surge de um encontro fortuito, da preparação de uma atividade, de um encontro de grupo particularmente significativo ou da celebração sacramental da reconciliação, na qual nos sentimos especialmente acolhidos ou perdoados.

Para outros, o lugar onde pode surgir o acompanhamento espiritual é a *escola*, pública ou privada, religiosa ou laica. O encontro com um professor ou uma professora, talvez cristão militante, que nos convide para uma confraternização ou uma excursão; o encontro de reforço escolar, que em algum momento explora terrenos mais pessoais; a pessoa que desenvolve uma função pastoral no centro educativo... Há casos em que o encontro com a experiência do acompanhamento surge em *outros contextos* mais extraordinários, como uma residência universitária, o serviço nas forças armadas (por exemplo, em missões difíceis ou fora das fronteiras do país), ou internação hospitalar, por motivo de doença, própria ou de parente. Para

---

7. "Porque as coisas do serviço de Deus já andam tão fracas que é necessário aos que o servem apoiar-se mutuamente para irem em frente": TERESA DE JESUS, *Livro da Vida*, 7,22.

outros, o acompanhamento espiritual pode surgir dentro de *grupos ou movimentos cristãos*, como grupos de oração, movimentos de ação apostólica, grupos de trabalho social cristão, equipes matrimoniais, comunidades de vida, catecumenatos, voluntariados e outros modos de vivência consciente da fé, no ambiente em que cada um vive. Faz parte da sua formação e é um instrumento de crescimento.

Muitas pessoas foram motivadas ao acompanhamento pela experiência espiritual em um *retiro espiritual* ou em um curso de curta duração, pela participação em uma Páscoa ou em exercícios espirituais. Nessas circunstâncias, sentimo-nos mais próximos de Deus e, desde já, nos propomos a levar a sério o seguimento de Jesus. E também acontece de alguém (talvez aquele que orienta o retiro, o curso ou a experiência em questão) ter nos ajudado com algumas de suas sugestões, e essa mesma pessoa ou outra semelhante poderia nos ajudar em nossos propósitos. É que uma intensa experiência espiritual costuma despertar o desejo de comunicá-la, confirmá-la e ser guiada a fazer algo a partir dela; e assim pode dar início ao acompanhamento espiritual.

Os processos de *formação vocacional*, tratando-se de uma vocação de especial consagração, exigem, com razão ainda maior, uma grande interiorização e personalização da fé, pois a mesma é solicitada pela própria lógica de uma formação que tem de enfrentar dúvidas, medos, resistências e alegrias que só surgem no mais íntimo do coração. A necessidade de suficiente consistência das pessoas chamadas a viver esse tipo de vocação faz do acompanhamento formativo também um instrumento de contraste e mediação eclesial. Ele visa garantir a adequação da pessoa acompanhada a um ministério ou a uma consagração publicamente reconhecida pela Igreja[8]. A figura do

---

8. O "acompanhamento formativo" é mais amplo do que aquele confiado ao acompanhamento espiritual, pois na formação vocacional estão envolvidas outras figuras que também "acompanham", como superiores maiores e locais, diretores e formadores, professores e tutores etc.

acompanhante espiritual (homem ou mulher), em toda a formação vocacional, será sempre de importância central para ajudar na configuração do chamado de Jesus.

Se o acompanhamento pode ajudar muito em processos de iniciação ou crises de vocações especiais, muitos outros momentos da vida cristã podem se beneficiar dele, como, por exemplo, todo o caminho da *iniciação cristã*, por meio da catequese dos adolescentes, jovens e adultos. Também a *prática dos sacramentos* pode ser enriquecida com o acompanhamento temporário. Por exemplo, aprofundar a preparação para o sacramento da Confirmação, ou rever um pouco a vida e as disposições dos fiéis antes do sacramento do Matrimônio, ou renovar uma fé antiga por ocasião da primeira comunhão dos filhos.

O sacramento da Reconciliação é também um encontro muito importante com Deus para a vida do cristão. Nele, atualizamos o chamado de Jesus à conversão, completamos nosso processo de arrependimento e reparação pelo mal cometido, declaramos nossas faltas e pecados perante a Igreja, recebemos perdão e paz de Deus e, finalmente, nos deixamos reconciliar por Deus (cf. 2Cor 5,20). Ao longo da história, muitas pessoas falaram, no âmbito deste sacramento, das coisas boas que fizeram por amor a Deus e das suas experiências espirituais, pedindo a confirmação do seu caminho cristão e realizando no sacramento uma verdadeira orientação espiritual[9]. Por sua vez, alguns santos exerceram grande influência sobre muitas pessoas por meio da orientação espiritual que ocorria no contexto da confissão.

Com o exposto, indica-se a diversidade de campos e estilos de encontros pastorais válidos que podem levar ao acompanhamento espiritual ou incorporar plenamente essa forma de ajuda pastoral.

---

9. Assim fizeram Inácio de Loyola e Teresa de Jesus. São João Bosco buscou por muitos anos a ajuda de seu santo confessor, José Cafasso, um magnífico orientador espiritual.

Pois bem, em qualquer um dos espaços acima indicados pode ocorrer *encontros informais* e esporádicos em que aproveitamos para falar sobre uma determinada situação que nos agita ou preocupa, ou sobre uma decisão que temos de tomar. Isso pode acontecer, por exemplo, quando um menino conversa com seu tutor na escola sobre uma dificuldade acadêmica que tem explicação em uma tensão familiar ou em seu relacionamento difícil com os colegas; ou quando uma menina conversa com a freira que lidera seu grupo de crisma na paróquia para lhe contar sua primeira decepção dolorosa no amor.

Assim, na tutoria, em um grupo de jovens ou na paróquia, podemos manifestar alguma inquietação que nos assola e encontraremos a escuta, a compreensão e, seguramente, uma resposta orientadora. Esses encontros informais abordam um problema específico, o iluminam à luz da experiência humana e do Evangelho, reveem o modo de o enfrentar e oferecem reflexões para uma nova abordagem da situação. Fazer uma pergunta ou ouvir uma sugestão não nos torna mais infantis ou dependentes, mas sim mais sociáveis e adultos. A partir desses encontros informais, podemos nos perguntar se vale a pena ter outras conversas com essa mesma pessoa no futuro. Talvez falar duas ou três vezes por ano nos permita canalizar melhor alguma situação ou fase de nossa vida. E assim pode começar um acompanhamento mais contínuo, se virmos a sua utilidade.

3. A relação de acompanhamento

Em geral, entende-se que o acompanhamento espiritual exige uma relação um pouco mais estável do que os encontros informais a que aludimos, pois o verdadeiro fruto do diálogo pastoral ocorre mais facilmente quando há uma relação mais contínua com a mesma pessoa. Vejamos outras características da relação de acompanhamento.

A frequência dos encontros não é o mais importante na relação, mas é aconselhável manter certa *regularidade*. Podemos ver nosso acompanhante espiritual a cada três semanas, uma vez por mês ou a cada mês e meio, mas sempre com a regularidade que uma relação estável implica. O mais importante é termos uma pessoa que nos "acompanha", ouve e aconselha, que nos pergunta ou sugere; deixarmos uma pessoa entrar livremente em nossa vida, sempre a mesma, e *confiarmos* nela para que nos conheça a fundo e nos diga livremente no que acha que pode nos ajudar[10]. No início do acompanhamento, quando escolhemos essa pessoa, podemos estabelecer com ela uma espécie de *acordo* sobre os termos dessa relação que se inicia. Por exemplo, concordamos mutuamente sobre a frequência com que nos veremos, a duração aproximada dos encontros e até mesmo alguns dos tópicos que abordaremos. Nesses primeiros encontros, podemos também questioná-la sobre como entende o acompanhamento e para que essa ajuda pode nos servir. É uma forma de obter sua opinião e nos esclarecermos sobre o que estamos começando a fazer.

Um elemento importante dessa relação é o que se pode chamar de "sigilo profissional", segundo o qual a pessoa que nos acompanha não pode falar com ninguém sobre o que ouviu em nossos encontros, exceto que seja com nossa permissão. Isso ocorre porque a discrição e o sigilo constituem uma parte substancial do acompanhamento espiritual. De nossa parte, como pessoas acompanhadas, podemos considerar algumas circunstâncias que aconselham dar nosso consentimento para que nosso acompanhante comunique suas impressões à pessoa que indicamos. Por exemplo, quando um candidato à vida consagrada deseja que seu acompanhante espiritual informe aos superiores que vão acolhê-lo, ou ao formador ou formadora que terá no noviciado, para que receba uma melhor ajuda em sua formação.

---

10. Santa Teresa implora a Deus "para, com toda a clareza e verdade, fazer este relato que meus confessores me mandam [...] para que, doravante, conhecendo-me eles melhor, me ajudem em minha fraqueza, para que eu possa compensar algo do que devo ao Senhor": TERESA DE JESUS, *Livro da Vida*, Prólogo, 2.

Também pode ser o caso de um candidato ao sacerdócio que tem dúvidas sobre sua preparação ou suas qualidades e pede a seu acompanhante espiritual que fale francamente com seu bispo, que deve decidir sobre sua idoneidade. E assim, em outros casos, pode ser razoável solicitar tal comunicação.

Mas a experiência mostra que também é necessário manter certa confidencialidade da nossa parte como pessoas acompanhadas. Por exemplo, devemos dialogar respeitosamente com nosso acompanhante sobre aquilo que nos diz, até mesmo esclarecendo com ele se não concordamos em algum aspecto. Contudo, não seria apropriado discutir com outras pessoas se nosso acompanhante está certo ou errado sobre aquilo que nos diz. Somos livres para ter um acompanhante ou outro e, uma vez que escolhemos livremente uma pessoa, não devemos comentar com ninguém sobre cada opinião diferente que temos, ou quando a proposta de nosso acompanhante não nos agrada muito. O conselho é muito antigo: tratar apenas com um acompanhante enquanto ele se mantiver, ou trocar de acompanhante se nos parecer apropriado; porém nunca busque, ao mesmo tempo, a compreensão complacente de outros confidentes, a aprovação de nossas decisões e a lisonja desejada. Essa dispersão ao partilhar verdades parciais parece temer o confronto com nossa verdade total e nos leva a ouvir apenas o que nos interessa. E é impossível atingir um único objetivo percorrendo dois caminhos ao mesmo tempo[11].

A relação de acompanhamento torna-se, assim, algo especial, porque é ao mesmo tempo próxima e respeitosa, confiável, mas não propriamente de amizade, em que se dá grande liberdade, mas não se aceita qualquer coisa. Uma relação em que, da nossa parte, como acompanhados, depositamos confiança, temos a certeza de que seremos

---

11. A questão precisa de mais nuances, pois a pessoa acompanhada pode ter amigos, marido ou mulher, confessor ou superior religioso com quem falar sinceramente. Na prática, as coisas são simplificadas se sempre tratamos com nosso acompanhante sobre assuntos que não tratamos com essas pessoas.

ouvidos com respeito e também bem interpretados. No entanto, não buscamos um encontro entre iguais, mas sim uma relação de ajuda, que podemos considerar, em alguns aspectos, quase profissional. Pela mesma razão, no acompanhamento contamos nossos assuntos pessoais, mas não esperamos que nosso acompanhante nos revele os dele. Ouvimos suas sugestões, mas não exigimos que ele siga sempre essas mesmas sugestões. Confidenciamos nossas falhas ou infidelidades em muitas áreas de nossa vida cristã, mas não esperamos que o acompanhante nos fale sobre suas fraquezas nem exigimos que ele seja perfeito em tudo, antes de nos aconselhar sobre qualquer coisa.

Em resumo, portanto, trata-se em muitos aspectos de uma *relação assimétrica*, mas não porque os dois interlocutores sejam de categoria ou valor diferente, e sim porque as funções de um e de outro são diferentes: um fala e o outro escuta; o acompanhante pode perguntar e o acompanhado tenta responder; o acompanhante sugere pistas do caminho e o acompanhado é quem tenta seguir o caminho sugerido, que, no final das contas, levará a uma vida mais plena.

Perfis diferentes

Pela mesma razão que existe uma grande diversidade de formas de conduzir um acompanhamento espiritual, também existe uma *grande variedade de perfis* entre os acompanhantes espirituais, de modo que pessoas bem distintas podem acompanhar, muito bem e de maneiras diversas, pessoas muito diferentes. Há uma variedade que é sociológica, pois o acompanhante pode ser homem ou mulher, consagrado ou leigo, sacerdote ou não, relativamente jovem ou de certa idade, com uma ou outra preparação específica... Há uma variedade que também é marcada pelo tipo de personalidade, já que um ou outro pode ser mais afetivo ou mais racional, mais sensível ou mais exigente, mais obstinado ou mais permissivo, mais falador ou mais lacônico, mais expressivo ou mais sóbrio... Outra variedade que também é marcada pela escola que caracteriza a sua espiritualidade: mais monástica ou mais conventual, mais reclusa ou mais apostólica, mais ascética ou mais mística, mais eucarística ou mais social, mais cristocêntrica ou mais mariana...; e assim com outros acentos ou nuances. E outras diferenças podem ser determinadas pela perspectiva ou foco predominante de quem acompanha: bíblico, patrístico, litúrgico, sacramental, com incorporação de psicologia ou não, com maior ou menor sensibilidade para incorporar a cultura atual, com uma perspectiva mais social, política, ecológica ou feminista etc.

Por trás dessa legítima variedade, porém, parece que um acompanhante deve ter alguns *traços básicos*, como ser adulto na fé, humanamente maduro e capaz de estabelecer uma relação pedagógica de ajuda espiritual. Estas qualidades certamente podem ocorrer em pessoas com um perfil muito diferente. É verdade que nem sempre os dados que confirmam esses traços são do conhecimento de quem busca acompanhamento, mas geralmente podemos conhecê-los por outras pessoas ou deduzi-los do cargo ou missão que lhe foi confiado por seus superiores ou sua comunidade de fé.

O fato de ser *adulto na fé* significa que percorreu alguns trechos do caminho cristão com algum benefício, que não depende só da idade, pois há jovens que em pouco tempo vão muito longe. Deve-se supor também que teve, por sua vez, algum acompanhamento espiritual, seguiu a orientação de outra pessoa e caminhou ao mesmo tempo com docilidade e liberdade espiritual dentro da Igreja. Ser adulto na fé também significa que, em seu caminho cristão, certamente teve e superou alguma crise, alguma contradição, alguma frustração de suas expectativas como cristão, e que acredita na oração e traz para ela tudo o que ouve em seus diálogos, pois nem sempre sabe o que é melhor para a pessoa acompanhada e o que Deus quer dela.

Uma pessoa *humanamente madura* significa que teve um desenvolvimento psicológico normal, que integrou suficientemente suas diferentes qualidades e potencialidades e que é equânime em suas relações interpessoais. Demonstra, por exemplo, que sabe manter o justo equilíbrio entre a distância e a proximidade, que não se assusta com as coisas que ouve nem desanima facilmente com as deficiências da pessoa acompanhada. Mantém suas convicções com certa estabilidade e explica o fundamento das coisas que diz. Uma pessoa capaz de estabelecer *uma relação pedagógica de ajuda espiritual* mostra capacidade de ouvir e acolher, de perguntar e explicar, de encorajar e contrapor, bem como de ouvir todas as explicações e expressar sua opinião com franqueza, sem chantagens emocionais ou sem se deixar manipular. É uma pessoa fiel aos compromissos e sempre respeitosa, que não busca ter razão, mas apenas e sempre procura ajudar a pessoa acompanhada.

O acompanhante, finalmente, deve ter *alguma preparação* para a etapa do caminho espiritual que a pessoa acompanhada deve enfrentar; deve ser prudente e discreto para aconselhar-se sobre qualquer ponto particular, ou estudá-lo mais lentamente, antes de afirmar abertamente ou orientar alguém por um caminho incerto. Pois bem, às vezes o acompanhante deve consultar outra pessoa – sempre mantendo em segredo a identidade do acompanhado – sobre situações especiais que não possa entender bem, como é o caso de diversas questões vocacionais complexas, problemas conjugais, situações morais graves e duvidosas (por exemplo, no campo trabalhista, econômico ou biomédico), ou experiências espirituais extraordinárias.

Conhecer melhor o *papel do acompanhante* nos ajudará a estabelecer o relacionamento correto com ele. Não devemos ir ao acompanhamento com certas atitudes que não facilitarão o relacionamento adequado, como, por exemplo, esperar que seja um diretor clarividente que nos dirá com autoridade inquestionável o que devemos fazer em cada circunstância. Nem devemos recorrer a ele em busca de apoio em cada choque que tivermos, ou como a um taumaturgo para curar nossas doenças. Não devemos procurá-lo como a um psicólogo que alivie ou melhore nossas neuroses ou ansiedades, tampouco considerá-lo, por outro lado, como um amigo que procuramos para ter um momento de alívio, fazer um encontro divertido e culto ou travar debates teóricos inteligentes sobre questões de fé, política, cultura etc.

O que, ao contrário, podemos esperar do nosso acompanhante é que nos receba com respeito e carinho, e ouça tudo o que tivermos a dizer; que nos ajude a discernir juntos, buscando a vontade de Deus, sem ter sempre em mãos todas as certezas. Podemos também esperar que nos forneça a instrução necessária ou orientações espirituais, teológicas ou morais adequadas, diretamente ou indicando algumas leituras convenientes. Dentro dessa formação, pode ocupar um lugar importante a iniciação à oração pessoal e ao discernimento. O acompanhante fará bem em nos confirmar de vez em quando o caminho que estamos seguindo corretamente, bem como nos confrontar de vez em quando se considerar que não estamos fazendo o que deveríamos. Além disso, por fim, o acompanhante poderá indicar algumas atividades ou tarefas que devemos colocar em prática para dar vida ao que abordamos em nossos encontros.

* * *

No final do capítulo dedicado a apresentar o que é o acompanhamento espiritual, vimos que ele visa principalmente buscar e encontrar a vontade de Deus para nós, embora possa incluir outras finalidades parciais. Põem-se em jogo as atitudes profundas dos interlocutores. Existem diferentes formas válidas de exercê-lo e diferentes abordagens são permitidas. Se uma reflexão teórica sobre o acompanhamento reflete toda a complexidade da vida espiritual, a sua realização prática é muito mais fácil, pois esse diálogo acontece em um encontro normal entre duas pessoas que procuram a verdade. Nas páginas seguintes apresentaremos alguns temas de conversa que nos parecem convenientes para tratar em nossos encontros, bem como a forma de realizá-los.

II
Sobre o que falar no encontro

Quando vamos para o encontro de acompanhamento espiritual, às vezes nos preocupamos em saber o que temos que falar ou se devemos dizer isso ou aquilo. Não raro, quando já tivemos vários encontros com nosso acompanhante, queremos não nos repetir demais, nem dizer sempre a mesma coisa ou mesmo dizer algo novo... ainda que nossa vida não pareça muito interessante. Neste capítulo vamos nos referir a essas questões e indicar quais tópicos devem ser discutidos nos encontros de acompanhamento espiritual.

1. Os primeiros encontros

Em um encontro espontâneo ou pontual, o tema da conversa surge de modo igualmente espontâneo, em um clima agradável. Não hesitamos sobre o que temos a falar quando queremos consultar alguém sobre um determinado assunto, embora às vezes possamos hesitar sobre como apresentar a pergunta. Algo semelhante acontece se tivermos uma forte experiência existencial em nossa vida, porque é mais ou menos claro o que queremos comunicar. Pelo contrário, em alguns encontros de um acompanhamento mais ou menos prolongado, podemos nos sentir um pouco desconcertados, sem saber bem por onde começar, porque talvez não haja um problema premente ou uma questão claramente pendente. As dúvidas sobre o que dizer se manifestam, sobretudo, quando os encontros iniciais se devem a um acompanhamento que não parte de nenhum problema especial nem de nenhuma situação extraordinária. E aparecem também quando, ao longo do acompanhamento, a monotonia da vida não oferece nenhum relevo especial à nossa existência; quando a rotina parece tomar conta do nosso viver cristão; quando os problemas, talvez menores, se repetem; quando nem nós mesmos valorizamos o conteúdo da nossa comunicação...

Pois bem, no início dos encontros, o habitual é começarmos por *nos apresentar* e ouvir a apresentação do nosso interlocutor. Se o acompanhante espiritual não nos conhece, o melhor a fazer é dizer-lhe quem somos e o que procuramos, pois parece necessário que ele receba informações iniciais sobre nós mesmos e nossos objetivos atuais. Assim poderá obter uma ideia da situação e dizer se pode se comprometer com algum tipo de acompanhamento. Essa informação sobre nós mesmos pode ser tão detalhada ou sintética quanto quisermos. Geralmente, será suficiente fazer uma breve apresentação nesse primeiro encontro, embora o acompanhante possa nos pedir para expandir algum aspecto ou aprofundar algum assunto.

Nossa apresentação pessoal pode seguir algumas das orientações que serão dadas mais adiante neste capítulo. Fundamentalmente, trata-se de apontar os dados básicos de nosso currículo, como idade, estudos concluídos, situação familiar e profissional, nossa experiência pessoal cristã e eclesial... e algum outro detalhe que nos pareça significativo. Convém que essa apresentação pessoal seja completada com os *objetivos* que trazemos para o acompanhamento, o que buscamos. Por exemplo, ajuda para resolver um problema específico, algum tipo de suporte para fazer uma mudança importante, auxílio na vida de oração ou orientação para um momento especial. Talvez o acompanhante reformule alguns desses objetivos à sua maneira.

Por exemplo, uma jovem que fez catequese de preparação para a Crisma e recebeu o sacramento, agora, iniciando um curso universitário, quer ser acompanhada, porque no silêncio do último retiro de catequese experimentou que Deus lhe deu paz e segurança que nunca havia experimentado antes; quer continuar o seu encontro com aquele Deus que na vida cotidiana não lhe é fácil encontrar. Um monitor recém-incorporado à coordenação de uma atividade social deseja ser bem-sucedido em sua missão e dar à sua tarefa a marca cristã que o moveu a assumi-la. Uma catequista experiente busca acompanhamento espiritual porque quer servir melhor como testemunha cristã para seu grupo de catequese, já que em sua vida, às vezes, encontra alguma incoerência. Uma irmã juniorista vem buscar ajuda para sua oração, pois experimentou nos seus últimos exercícios espirituais que o acompanhamento da sua oração enriquece e ilumina grandemente toda a sua vida. Um jovem sacerdote vem porque foi destinado à sua primeira paróquia rural, enfrenta o desafio de ser fiel a Deus e servir seriamente o povo cristão a ele confiado, e também sente certa falta de proteção diante de sua nova situação. E outras pessoas podem vir por muitas outras situações possíveis.

Quanto à *apresentação do acompanhante*, este poderá, por sua vez, dizer o que julgar mais adequado sobre si mesmo. De nossa parte, o que normalmente acontece é que, quando escolhemos uma pessoa para nos acompanhar espiritualmente, ou já a conhecíamos por ter convivido com ela em algum ambiente pastoral, ou ela nos foi recomendada e buscamos informações sobre algumas de suas características: quem é, o que faz, como é a sua personalidade em linhas gerais, qual é a sua forma de acompanhar. Em todo caso, se for conveniente, no primeiro encontro, podemos pedir ao nosso acompanhante qualquer outra informação que julguemos conveniente. Todavia, não se trata propriamente de satisfazer algumas curiosidades que não são pertinentes, mas sim de obter informações que se refiram ao próprio acompanhamento.

Por exemplo, podemos perguntar se a pessoa tem horário disponível para nos receber ou se sua agenda já está muito cheia; ou com que frequência ela pensa (ou pensamos) que deveríamos nos encontrar; quanto tempo geralmente duram os encontros; ou com quais questões ela acha que deveríamos lidar etc. Se mal a conheço, posso perguntar discretamente se quer me contar algo sobre sua vida apostólica, porém não parece relevante para o acompanhante perguntar-lhe, por exemplo, sobre seus *hobbies* em assuntos pessoais, como horários, ocupações, tempos livres, gostos, esportes, música ou arte. Também não é o caso de se interessar por sua família, sua comunidade religiosa ou para onde vai de férias. Bem, é uma relação pastoral, quase profissional, e essas questões não são, em princípio, necessárias para uma boa relação e um acompanhamento frutífero.

Dentro dessas apresentações iniciais, que na realidade podem ser feitas muito brevemente, convém especificar de alguma forma o *acordo* que estabelecemos para o acompanhamento. Deve-se definir desde o início o ritmo dos encontros, sua duração, onde terão lugar, como marcá-los e como cancelá-los, caso surja algum imprevisto. Pode ser útil estabelecer um período inicial de três ou quatro meses de encontros, por exemplo, para depois rever o percurso e confirmar se é conveniente continuar no mesmo ritmo por um período mais longo (por exemplo, durante o resto do curso) ou se, talvez, algo deva ser mudado ou encerrar os encontros.

O primeiro encontro pode terminar com alguma tarefa para o encontro seguinte, no qual se pode aprofundar um assunto ou partilhar a experiência espiritual feita com um pouco mais de detalhes. E os encontros seguintes serão, sem dúvida, uma oportunidade para aprofundar algum aspecto da nossa situação pessoal ou cristã, para colocar um problema de forma mais ampla ou para ouvir algumas propostas que o acompanhante nos queira fazer. Esses primeiros encontros, por outro lado, servirão para começar a tecer a relação pessoal, para definir o estilo de conversa próprio dessa relação, para estabelecer o ritmo das intervenções de um e de outro. Nesse intercâmbio gera-se a confiança necessária e aprendemos a olhar cada vez mais diretamente o que nos move a sermos acompanhados espiritualmente: como escutar melhor a Deus em nossa vida e como responder-lhe satisfatoriamente, com as luzes e as forças de que dispomos.

A partir desses primeiros encontros se estabelece uma relação de acompanhamento cada vez mais fluida. Indicamos a seguir alguns temas que, mais cedo ou mais tarde, terão que fazer parte dos encontros de acompanhamento espiritual, embora, obviamente, não devam ser incluídos em todos eles.

2. A vida cristã: ouvir e responder a Deus

Nos primeiros encontros aparecem diferentes conteúdos interessantes que podem ser tratados nos seguintes. Mas há um tema que deve ser objeto de todo acompanhamento espiritual, sobretudo no início, que é o cerne da nossa vida cristã: como é a nossa relação com Deus e como respondemos aos seus convites. Tais questões podem ser especificadas de diversas maneiras, mas são duas áreas vitais suficientemente amplas e importantes para merecerem um lugar preferencial em qualquer diálogo pastoral e, certamente, no acompanhamento espiritual. Falar sobre nosso relacionamento com Deus pode ser visto como uma simples comunicação do que fazemos, experimentamos, sentimos e pensamos sobre nosso relacionamento com ele. Falar *do que fazemos* é recordar os lugares e as formas como buscamos a Deus e o encontramos, seja qual for a forma e o tempo que dedicamos a isso. Por exemplo, algumas pessoas dedicam um tempo determinado à oração pessoal todos os dias; outras apenas rezam em sua comunidade; outras, quando participam da celebração litúrgica comunitária, geralmente a Eucaristia. Há pessoas que buscam iluminação para suas vidas na Palavra de Deus, lida em particular, mas não sabem se estão pensando ou orando. Outras oram em silêncio, apenas estando ali, mas não sabem se estão se relacionando com Deus ou apenas consigo mesmas. Outras elogiam, perguntam, reclamam, buscam, imaginam, raciocinam...

Durante a oração, muitas vezes *experimentamos sentimentos* de diferentes tipos, que se costuma chamar de *moções*[1]. São sentimentos plenamente humanos, vividos afetivamente em nosso interior, mas dos quais nem sempre somos senhores, pois às vezes eles vêm sobre nós como que de fora de nós e não são despertados por nossa liberdade. A tradição cristã diz que, por meio desses movimentos, o Senhor pode ser comunicado. Pois bem, é muito importante falar no acompanhamento espiritual dessas moções, desses sentimentos espirituais que estão sempre ligados à nossa oração e que costumam ter um significado marcante para nossa vida cristã. Mas é preciso saber nomear esses sentimentos, cujos dois movimentos essenciais têm sido chamados de "consolação" e "desolação" espirituais.

A *consolação* pode manifestar-se como alegria exultante ou serena, alegria profunda, confiança, encorajamento, força, paz profunda A consolação é o amor a Deus e o amor às coisas, por amor a Deus. É um aumento da fé, da esperança e da caridade. Também costuma se manifestar na forma de segurança nas coisas que vemos, confirmação de sentimentos espirituais anteriores que vieram do bom espírito ou inclinação para tomar boas decisões. A consolação nos move a pensar, dizer e fazer coisas boas, evangélicas, coerentes com nossa fé cristã. A verdadeira consolação é a linguagem ordinária com a qual Deus se manifesta em nosso interior[2].

---

1. Para o discernimento, inspiramo-nos em uma longa tradição cristã, parcialmente recolhida nas regras inacianas: INÁCIO DE LOYOLA, *Exercícios Espirituais*, n. 313-328.

2. Teresa de Jesus fala das consolações espirituais no *Livro da Vida*, 11,3.10.13; 20,11.15; 23,18; 29,4; 32,14 etc. Mas fala também dos dons de Deus, do deleite e do

A *desolação*, ao contrário, se opõe à consolação e, assim, se manifesta com os tons emocionais opostos: apatia, tristeza, escuridão, secura, agitação... A desolação não é qualquer tipo de tristeza, mas a escuridão da presença de Deus, enfraquecimento da fé, extinção da esperança, dificuldade para o amor verdadeiro. Pode, portanto, manifestar-se na forma de dúvida, inquietação, vivência de desejos conflitantes, inclinação para decisões contrárias às tomadas na consolação. A desolação move-nos a coisas "baixas" e terrenas, ao egoísmo, ao orgulho, ao querer e a interesses pessoais, a comportamentos e atitudes contrários ao Evangelho, a mudar o que parecia evidente em tempos de consolação... Poderíamos dizer que a desolação é uma linguagem muito típica do espírito maligno, que nos agita e dificulta o acesso pacífico a Deus. Embora a tradição também diga que, em estágios avançados do caminho espiritual, o mau espírito também pode se insinuar por meio de consolações com causa, que são verdadeiros enganos, pois são movimentos para coisas boas que impedem algo que é melhor[3].

Quando rezamos com alguma regularidade, é provável que, durante algum tempo, experimentemos consolação e desolação na nossa relação com Deus, embora em cada estação predomine um dos dois estados espirituais. É por isso que, em nossos encontros, é conveniente que falemos tanto da consolação quanto da desolação, analisando com a ajuda de nosso acompanhante algumas das circunstâncias em que ocorrem: os pensamentos que despertam em nós e os efeitos que produzem. Por outro lado, esse discernimento das moções espirituais que ocorrem na oração acaba sendo um aprendizado muito útil para discernir moções semelhantes que também ocorrem continuamente na vida cotidiana.

---

contentamento, da força que ele dá, porque "ninguém fez amizade com Ele sem dele obter grande recompensa": *Livro da Vida*, 8,5.

3. A tradição espiritual atribui ao espírito maligno as influências que se opõem a Deus e que são vividas internamente, embora algumas venham do ambiente que nos cerca ou de tendências psíquicas internas.

Mas, além desses sentimentos, durante a oração também costumamos ser assaltados por alguns *pensamentos*, sejam eles nossos ou inspirações de fora de nós (do bom ou do mau espírito). Normalmente, seguem os sentimentos, mas às vezes parecem precedê-los. Esses pensamentos podem aparecer como luzes sobre o assunto pelo qual estamos orando ou como ideias sobre nosso modo de vida ou sobre nossos relacionamentos, nosso trabalho ou nossa própria pessoa. É importante comunicar esses pensamentos de nossa oração ao acompanhante, porque as boas inspirações (de Deus, do bom espírito) podem ser confundidas com iluminações próprias ou do mau espírito. É por isso que no encontro devemos discernir os pensamentos: ver de onde eles vêm e para onde estão apontando.

Além de sentir e pensar, é comum que na oração nos sintamos *movidos a fazer* algo, a tomar certas decisões, a realizar certas ações. É outro dos conteúdos que devem ser comunicados no acompanhamento: o que suscita ou move o nosso encontro com Deus. Pode ser, por exemplo, uma tendência a mudar nosso jeito de ser, a fazer algum gesto de perdão a uma pessoa que nos ofendeu, a nos reconciliar com um "inimigo"... Ou nos sentimos movidos a ser menos avarentos com nosso tempo ou nossos bens; ou a mostrar mais compromisso com uma causa nobre. Outras vezes a inclinação é mais genérica e não tão concreta: confiar mais em Deus, ser mais esforçado ou abnegado, não ser tão infantil ou tão dependente. Também pode se referir a alguma decisão que temos que tomar, por exemplo, em relação à escolha da profissão, do emprego... ou do futuro estado de vida: será que Deus realmente me move a ir para o seminário?

Devemos comunicar todas essas moções, porque nem sempre sabemos sua origem e valor, e não sabemos se são inspiradas por Deus ou se existem causas humanas que explicam essa inclinação. Mas, ao falar claramente, tomamos consciência de nossa situação, buscamos e nos preparamos melhor. Em geral, os apelos divinos não ocorrem apenas uma vez na vida, mas se repetem por algum tempo.

Como lemos nas Escrituras, Deus chamou Samuel quando ele ainda era criança, e o fez pelo menos quatro vezes, até que o velho sacerdote Eli entendeu que era Deus quem estava chamando o menino e o ajudou a responder àquela voz (cf. 1Sm 3). Deus é sempre paciente e repetidamente nos dá a conhecer o que quer de nós, deixando-nos sempre livres para dar uma resposta ou outra.

Referimo-nos, sobretudo, à oração, incluindo a oração comunitária, na qual também podem ser experimentadas as mesmas moções que na oração pessoal. Mas o encontro com Deus ocorre também de modo privilegiado nos sacramentos e em todas as circunstâncias da vida. Por isso, no acompanhamento, podemos falar sobre como vivemos os *sacramentos*, o que sentimos e pensamos sobre a Eucaristia, em que partes dela experimentamos mais devoção, em que outras nos distraímos mais, como a preparamos, o que fazemos depois de participar dela, como nos motiva ou não para a vida, ao que nos move. Podemos também falar sobre como nos confessamos, com que objetivo, o que buscamos com ela ou como nos ajuda a viver nossa fé cristã. E, claro, ainda podemos falar, se for o caso, sobre como é difícil para nós confessarmos ou se há algum aspecto do sacramento que não entendemos bem. Bem, a reconciliação sacramental foi muito difundida em alguns tempos entre pessoas de sensibilidade espiritual, mas atualmente não são poucos os que a olham com alguma desconfiança ou, até mesmo, perplexidade. O encontro de acompanhamento é um bom momento para partilhar nossa experiência do sacramento, talvez para receber alguma instrução ou a indicação de alguma leitura sobre ele, para aprender a praticá-lo de maneira renovada.

A participação em outros sacramentos é menos frequente, mas pode ser muito valiosa. Para quem se prepara para receber a Confirmação, tanto a própria celebração como todo o processo envolvido na sua preparação podem ser uma ocasião muito marcante para um encontro mais consciente com Deus, para recordar os compromissos da fé cristã, para renovar um Batismo recebido na infância, sem qualquer consciência de seu significado. Pode, portanto, ser ocasião de um encontro alegre e confiante com Deus, consciente e renovado. O mesmo se pode dizer de quem quer celebrar o seu casamento não só com a preparação comum que cada paróquia costuma oferecer, mas também tratando com mais calma com quem vai abençoar a sua união, ou preparando a sua nova vida em alguns dias de retiro ou com alguns exercícios espirituais.

Em tal caso, não há dúvida de que esse sacramento, que sela uma mudança de vida muito importante e significativa, seja realizado aos olhos de Deus, com a sua bênção, talvez purificando ambivalências anteriores no caminho da escolha. Em todo caso, preparando-se mais uma vez para viver plenamente sob o olhar e com a inspiração de Deus essa importante forma de vida e vocação. Todas essas e outras formas de viver os sacramentos[4] são ocasiões significativas de encontro com Deus, que podem ser partilhadas com muitos frutos no acompanhamento espiritual, para verificar seus efeitos ou discernir algumas das moções que neles se produzem.

Entretanto, não se deve esquecer que o encontro com Deus pode acontecer na vida cotidiana, no âmbito "secular" e não "sagrado", que é a família, o trabalho, as demandas trabalhistas, a defesa dos direitos dos pobres, a participação cidadã, as relações de amizade e a luta diária para sobreviver com alguma dignidade neste mundo, que às vezes é bastante hostil.

Quando conversamos com nosso acompanhante sobre o que vivemos em nosso encontro com Deus, esperamos que ele confirme (ou corrija) nosso discernimento, nos ajude a examinar o que ainda não está claro para nós e nos auxilie no crescimento de nosso relacionamento com Ele. Apesar de cada um de nós discernir a qualidade

---

4. A Unção dos Enfermos e o sacramento da Ordem também podem ser ocasião de uma profunda experiência religiosa, pois costumam afetar muito quem os recebe.

do seu encontro pessoal com Deus, esperamos que aquele que nos acompanha também nos diga se lhe parece que a nossa maneira de crer é plenamente válida ou se, na sua opinião, não seja exatamente o caso. Queremos também que nos oriente sobre como melhorar esse relacionamento, talvez recomendando algumas leituras ou sugerindo algumas novas formas de oração ou de vivência dos sacramentos.

A resposta cristã

Quando os fiéis têm alguma experiência de Deus, seja na oração, nos sacramentos ou na vida, ele quase sempre nos diz algo ou nos move em alguma direção. Pois bem, estabelece-se um tipo de diálogo que suscita uma resposta no fiel, a qual pode ser dada de diversas maneiras. Mas poderíamos dizer que não se pode falar com Deus e continuar totalmente o mesmo; e é por isso que no acompanhamento espiritual devem aparecer esses efeitos que nosso encontro com Deus produz em nossa vida cristã cotidiana.

Podemos indicar duas formas principais de resposta. A primeira é aquela que damos às moções de Deus na oração ou em outras ocasiões. Por exemplo, se sentimos vontade de fazer um gesto de perdão, teremos que ver se realmente o colocamos em prática na vida ou se, ao contrário, nos inibimos. Se sentimos o desejo de ser generosos com nosso tempo, teremos que ver se o fazemos com prazer. Se surgiu uma inclinação para considerar determinada decisão profissional ou vocacional, será necessário verificar se demos pelo menos alguns passos na direção da moção de Deus. E assim por diante.

Uma segunda maneira de falar sobre nossa resposta a Deus na vida consiste simplesmente em recordar o quadro geral da nossa vivência cristã segundo a nossa vocação particular, já que nessa vida cotidiana se concretiza a nossa resposta habitual no seguimento de Jesus. É por isso que nos encontros de acompanhamento espiritual devemos falar sobre os aspectos de nossa vida cristã que estão respondendo ao Senhor, assim como aqueles que não são tão fiéis ao seu chamado. Para uma pessoa fiel, Deus é sempre o centro de tudo. Pois bem, temos que responder a esse Deus que é o Senhor da nossa vida com toda a nossa vida. Disso derivam as responsabilidades que cabem a todo cristão. De certa forma, esses compromissos ficam claros na catequese da Igreja, que todos já ouvimos em algum momento ou que completamos ao longo da vida[5]. No entanto, no início do acompanhamento espiritual, deve-se encontrar a formulação adequada daquilo que exige a nossa particular vocação cristã, segundo o apelo da própria consciência bem formada, porque esse é o ponto de partida válido para todo caminho espiritual. Começa a partir do momento espiritual em que cada um se encontra, mas há que olhar para onde é chamado e caminhar para esse horizonte, embora ainda não seja o fim do caminho.

Pois bem, falar da nossa resposta a Deus é falar daqueles temas cristãos que sem dúvida tecem o comportamento cotidiano: viver com a consciência de filhos de Deus e não trair com a nossa conduta aquela alta dignidade; exercitar as virtudes de nossa fé cristã e evitar cometer deliberadamente qualquer coisa que vá contra ela; participar de forma justa nas relações políticas, econômicas e sociais do nosso mundo e evitar a injustiça; amar a Deus sobre todas as coisas e amar o próximo como a si mesmo; e assim construindo cada dia a nossa vida como resposta à nova aliança que Deus estabeleceu com o seu povo em Cristo[6].

Quando somos acompanhados há algum tempo ou fazemos um caminho formativo em grupos ou instituições, um instrumento

---

5. O *Catecismo da Igreja Católica* dedica uma longa terceira parte a explicar em que consiste, para os cristãos, "A vida em Cristo" (n. 1.691-2.557).

6. Não é necessário discorrer aqui com mais detalhes sobre as virtudes e faltas que podem ser comunicadas no acompanhamento espiritual. A nossa própria consciência, o bom senso, o diálogo com quem nos acompanha e a inspiração do momento nos guiarão.

que costuma concretizar nossa resposta a Deus é o chamado "projeto pessoal de vida", que pode ser objeto de diversas formulações, mas que, em geral, pretende concretizar na vida cotidiana as moções espirituais fundamentais experimentadas nos momentos de oração ou de retiro. O projeto pessoal de vida pode ser posto por escrito, por exemplo, no início de um ano letivo, depois de um tempo de reflexão e oração sobre ele, para que possamos recolher as linhas mestras do que Deus nos diz e articularmos essas moções em alguns comportamentos concretos. A revisão periódica desse projeto pessoal de vida pode ajudar muitas pessoas em seu acompanhamento espiritual, embora o acompanhamento não deva consistir apenas em uma revisão do projeto, nem se resumir a um controle sobre seu cumprimento. No entanto, o projeto pode articular alguns objetivos e áreas que devem ser objeto de conversa mais ou menos regular.

Com as indicações anteriores, indicamos os primeiros temas de todo acompanhamento espiritual: falar do nosso encontro com Deus e falar da nossa resposta cristã a esse Deus que queremos fazer Senhor da nossa vida. Vejamos a seguir outros temas mais específicos a serem tratados no acompanhamento.

3. A própria história e pessoa

Podemos dizer que a *história pessoal* de cada um é o lugar onde Deus se manifestou. É a forma como se concretizam todos os dons e limitações que Deus quis colocar ou permitir em nós. É na nossa história onde a nossa personalidade foi se formando, onde se registraram acontecimentos significativos, onde estiveram presentes as pessoas de quem recebemos valores, educação, propostas, apoio e carinho. Nossa história contém também as suas pequenas ou grandes dores, algumas das quais ainda hoje podem perdurar.

É por isso que a história pessoal é significativa para cada um de nós sempre e em qualquer caso. A história infantil é importante porque nela se forma a personalidade, sem conseguirmos compreender racionalmente o que se passa à nossa volta. A história da adolescência também, porque nela encaramos o mundo de novas formas e nos abrimos a sentimentos e significados inesperados do nosso corpo e do nosso espírito. Bem como a história da juventude, porque nela nos definimos como indivíduos, optamos por objetivos e fins, nos comprometemos com valores e pessoas. A história escolar e acadêmica é importante, porque nela nos confrontamos com a vida, assumimos o princípio da realidade, abrimo-nos a novos saberes, desenvolvemos o nosso próprio pensamento e nos propomos à concretização de objetivos.

A história afetiva e sexual importa porque configura muito intimamente nossa identidade, nosso olhar sobre os outros, o outro sexo, todas as nossas relações. A história dos nossos sucessos também é importante, porque neles nos realizamos e afirmamos as nossas capacidades. Os fracassos da nossa história são importantes, porque nos tornam mais realistas e nos estimulam, embora em outros momentos nos façam sentir que não valemos muito. Em suma, a nossa história e cada um dos seus recantos (como os vivemos no seu tempo, como os revivemos hoje) são importantes para compreender o passado e o presente do nosso povo. De modo que, sem a nossa história, não se entenderá o que ou quem somos e para onde vamos.

Por tudo isso, faz muito sentido que a nossa história esteja presente de diversas formas no nosso acompanhamento espiritual, quer de forma sistemática, apresentando-a no início dele, quer de forma esporádica, voltando a algum dos seus episódios, quando uma situação presente nos faz lembrar o passado. Essas duas formas de falar da nossa história podem ser muito válidas e úteis para que nosso acompanhante nos entenda bem e possa nos orientar melhor.

Nossa história é sempre significativa, mesmo que nos pareça que não há nada de particularmente marcante nela. Às vezes, não gostamos muito da nossa história, ou pelo menos de alguns de seus capítulos. Também é útil falar daqueles momentos de esquecimento, infidelidade ou confusão, para que nos conheçamos melhor e, o que é mais importante, para que nos aceitemos com maior realismo e paz. Outras vezes podem ocorrer episódios dolorosos, porque algumas pessoas foram injustas conosco, ou nos maltrataram, ou nos abusaram verbal, física, afetiva ou sexualmente. Esses episódios também devem ser assunto de nossa partilha, porque a dor que os outros nos causaram (às vezes sem entender quanto dano provocaram) não precisa permanecer dentro de nós perpetuamente, mas pode ser curada.

Na vida de um cristão, entrelaçada com sua trajetória biográfica, a *história de sua fé* é sempre importante. Uma fé que foi primeiro imitada ou aprendida, repetindo padrões de pais e avós ou de alguns educadores cristãos, mas que depois se personaliza por diversas circunstâncias, seja pela participação em um grupo, na catequese ou em algum movimento, seja por algum tipo de experiência pessoal que nos reorienta. Nesse percurso, podem existir catequeses bem realizadas, experiências chocantes na Páscoa, grupos, voluntariado ou exercícios espirituais, mas também autênticas crises de fé. O ponto é que cada um de nós tem uma história de fé que também é relevante para entender nossa resposta de fé atual e nossa atitude atual para com Deus. Essa história, sobretudo com os seus momentos mais significativos, parece-nos mais um tema obrigatório de comunicação no nosso acompanhamento, quer no início do mesmo, quer ao longo do percurso.

É verdade que a história passada perdura até hoje, e às vezes reproduzimos esquemas aprendidos que se perpetuam historicamente. Embora seja um tanto misterioso o mecanismo psíquico pelo qual tal coisa acontece, confirma-se frequentemente que, como se disse com razão, "aqueles que ignoram a sua história estão condenados a repeti-la". Assim, tanto a nossa história de fé como a nossa história de vida (em tudo o Senhor está sempre misteriosamente presente) deixam algo que perdura, que pode ter se consolidado, para o bem ou para o mal; e falar sobre isso pode ajudar, nós mesmos e o nosso acompanhante, a entender melhor nossa situação atual, nossas reações e nossas esperanças. Então, dessa releitura da própria história podem surgir propostas melhores para nossa vida atual e futura.

Pessoa, imagem, motivações

Além da nossa história pessoal e de fé, um tema apropriado para a conversa no acompanhamento espiritual consiste em falar sobre como somos, como nos vemos, como gostaríamos de ser, como nos projetamos no futuro, como os outros nos veem. Esse perfil que temos ou projetamos, esse autoconceito, é sempre significativo no diálogo espiritual, por vários motivos. Um deles é que nossa *imagem pessoal* é muito decisiva para nossa autoestima e, portanto, para a habitual sensação de bem-estar ou descontentamento consigo mesmo. Conforme estivermos mais ou menos satisfeitos conosco, conforme tivermos mais ou menos confiança em nós mesmos, conforme nos valorizarmos mais ou menos, assim enfrentaremos muitas decisões e resoluções. A própria imagem tem impacto nos projetos que sonhamos ou queremos realizar, nos comportamentos habituais de cada dia. Porque, quem não confia em si mesmo, não estabelecerá muitas metas, embora aqueles que apenas projetam uma representação de si mesmos (e não estão conscientes de sua verdadeira figura e personalidade) sejam frequentemente vítimas desse artifício[7].

Outra razão para a importância dessa questão é que a imagem que temos de nós mesmos afeta necessariamente as relações que

---

7. Teresa de Jesus fala da sua forma de ser aos seus acompanhantes espirituais; por exemplo, sua tendência a projetar uma boa imagem ("fazer as pessoas felizes", manter uma "boa opinião" sobre ela), sua "esperteza para o mal" e outros traços, também positivos: *Livro da Vida*, 2,2; 2,4; 2,8; 3,4; 6,7; 7,1 etc.

estabelecemos, sejam elas de confiança ou desconfiança, correspondência ou manipulação, dependência ou dominação, submissão ou rebeldia, serenas ou violentas, de controle ou liberdade. Relacionamentos maduros e equilibrados requerem pessoas iguais e confiantes, capazes de uma interdependência serena e madura.

Mas é que a imagem que temos de nós mesmos, resultado de nossa história pessoal, pode mudar (e com certeza muitas vezes deve) na vida de um cristão. O cerne da questão é o seguinte: em que atributos pessoais fundamentamos nossa autoestima? Por que valorizamos quem somos? Bem, ultimamente a imagem mais válida e segura de nós mesmos é a de saber que somos filhos de Deus. É mais importante ser e saber que somos pessoas (com toda a dignidade dessa realidade) do que sermos altos ou baixos, loiros ou morenos, bonitos ou menos graciosos, espertos ou menos inteligente, mais criativos ou menos brilhantes, mais simpáticos ou mais estúpidos, mais famosos ou mais desconhecidos, melhores atletas ou mais desajeitados...

Saber-se e sentir-se filho de Deus e pessoa plenamente humana pode ser cada vez mais central na consciência de todo cristão. E há diferentes qualidades e valores associados a essa condição de filhos de Deus, por vezes pouco apreciados pela cultura ao redor, que nos conferem real qualidade, ainda que socialmente não sejamos muito reconhecidos. Portanto, até que essa centralidade dos valores evangélicos se torne uma realidade, a própria imagem e suas derivações podem ser objeto de diálogo muitas vezes nos encontros de acompanhamento, já que não é algo que se resolva com uma única conversa.

Em torno desse "como eu sou" podem entrar nossos gostos e desgostos, *hobbies* e tédios, o que nos move e nos atrai, o que nos causa rejeição ou distanciamento... Tudo isso faz parte do autoconhecimento necessário e pode orientar muito nosso acompanhante. Essa exploração afeta *nossas motivações*: o que nos leva a fazer as coisas importantes em nossas vidas. A motivação humana tende a ser multicausal, por assim dizer. Fazemos quase todas as coisas por diferentes motivações sobrepostas, embora todas sejam reais e eficazes. Por exemplo, um estudante de direito pode tentar tirar boas notas porque é sua obrigação, porque seus pais se esforçam para que ele estude, porque com boas notas ele consegue elevar sua autoestima (até para interessar mais algumas meninas) e porque assim será mais fácil para ele conseguir passar no concurso público para Procurador do Estado, que é o que ele aspira.

Todas as motivações são reais e pode até haver alguma outra motivação, mas nem todas têm o mesmo valor cristão. Certamente, além disso, ao analisar essas motivações, sua força ou seu nível de motivação nem sempre é o mesmo. Portanto, essas tendências naturais, assim como outras motivações mais espirituais, podem moldar bastante a vida de um aluno durante um momento crucial de sua vida, no qual deve-se considerar não apenas por que ele estuda e vive, mas, em última instância, por que quer estudar e viver. É que a motivação no ser humano, geralmente, não é só racional, e menos ainda só espiritual; é também visceral e emocional. Então, tudo o que envolve explorar nossas raízes motivacionais, auxiliados pelo acompanhante, nos tornará mais puros em nossa intenção, mais autênticos conosco mesmos e mais verdadeiros com os outros.

Talvez por isso seja uma verdade bastante aceita por todas as escolas espirituais que o autoconhecimento contribui para o encontro com Deus. Isso ocorre por várias razões, a saber: ajuda a distinguir os planos e, assim, esclarece o discernimento; purifica a intenção das ações; permite centrar o trabalho nas virtudes reconhecidas como tais; e ajuda a focar nos defeitos mais significativos (e não apenas nos mais chamativos). Não só os conselhos da sabedoria grega[8], mas também a antiga tradição espiritual dos padres do deserto, nos

---

8. "Conhece-te a ti mesmo" é a inscrição colocada pelos sete sábios no frontispício do templo de Delfos e constitui a passagem da superstição para a filosofia, seguindo os passos de Sócrates e Platão.

convidam a esse autoconhecimento, muito difícil de alcançar sem a ajuda dos outros. Esse conhecimento é muito necessário, embora constitua apenas uma peça inicial de toda a vida espiritual, que tem muitas outras tarefas pela frente[9].

Não há necessidade de insistir aqui em como nossa autoimagem e nossas motivações profundas influenciam nosso relacionamento com Deus ou nossa resposta a seus convites. De forma aberta (como resistência) ou de forma sutil (como engano), podemos ignorar ou deturpar o projeto de Deus. Se o Senhor é mais íntimo a mim mesmo do que a minha própria interioridade, como nos recorda Santo Agostinho, então essa ligação que indicamos acontece necessariamente.

Trabalhos e atividades

Outra área de nossa vida que deve ser objeto de conversa espiritual com nosso acompanhante é a das atividades de saída de si mesmo, como o *estudo para o estudante* ou o *trabalho para o profissional*. A atividade principal de um jovem ou de uma jovem estudante é o estudo, que constitui a sua ocupação durante muitas horas por dia e constitui uma parte importante das suas obrigações: o tempo dedicado e a forma de estar nas aulas e na biblioteca, a relação tutorial com seus professores, seu tempo de estudo privado, a elaboração de trabalhos em grupo... Um estudante universitário bolsista no exterior deve aprender bem a língua desse país, passar nas disciplinas, conviver com seus novos companheiros e tentar não desperdiçar muito tempo e dinheiro. O bolsista deve realizar, por um lado, seus estudos e, por outro, as tarefas que lhe são confiadas, de forma mais ou menos pertinente.

---

9. Como nos lembra Teresa de Jesus, no *Livro da Vida*, 14,15. Embora a santa valorize o autoconhecimento, ela também entende que o encontro autêntico com Deus na oração proporciona um autoconhecimento muito elevado: *Livro da Vida*, 15,8; 22,11; 38,16 etc.

A atividade de uma mulher trabalhadora é a relativa ao seu posto de trabalho, quase sempre acrescida de uma proporção muito elevada de cuidados do lar e da família, ainda que seja casada com um homem atencioso e colaborador. A atividade de muitos trabalhadores e muitas trabalhadoras pode implicar muito contato com materiais inertes, como máquinas, materiais de construção ou decorativos, produtos têxteis ou alimentícios, papel e material de escritório; ou talvez com o mundo da pecuária, pesca ou mineração. Mas a maioria dos empregos também tem uma carga significativa de relações humanas, com supervisores de trabalho, com subordinados, com colegas de trabalho ou com o público que é servido, por exemplo, no comércio, na saúde, educação ou hotelaria. E esse mundo do trabalho cheio de coisas e de pessoas é um espaço em que continuamente se põe em jogo a nossa pessoa e onde a nossa fé profunda é continuamente convidada a fazer uma leitura de fé dos fatos e das relações.

O trabalho é também uma oportunidade para nossa pequena atuação na transformação do mundo que nos rodeia, bem como um local onde podemos exercer a nossa própria responsabilidade, sendo eficazes e autônomos, e realizando obras que fazem parte de um projeto construtivo. Mas também é verdade que pode ser um lugar onde a responsabilidade, a pressão ou a dispersão se apoderam de nós; onde nos frustramos com o resultado ou onde o próprio projeto em que estamos trabalhando (os objetivos de uma empresa, por exemplo) nos parece insignificante, pouco favorável ou realmente mal direcionado. Em todo caso, o nosso trabalho é, sem dúvida, um campo importante da nossa conversa no acompanhamento espiritual.

Em nossos encontros de acompanhamento, podemos constatar também, sobretudo nos casos em que a nossa vocação e condição o exigem, qual é a projeção pública da nossa fé para o bem comum, a presença social das nossas convicções e a incidência que o nosso ser cristão tem à nossa volta. Às vezes, é claro, pode-se tentar explicitar o próprio *testemunho de fé* nos ambientes que não são socialmente favoráveis a tais confissões. Em diversas áreas, segundo os países e as tradições, não é socialmente correto, de forma alguma, confessar a fé. É o caso, por exemplo, de muitos ambientes profissionais e de trabalho, espaços industriais urbanos ou associações sindicais. A escolha de simplesmente se apresentar como um cristão pode, em alguns casos, ser nada menos que heroica.

Mas existem outras formas de *presença pública* da fé, como a organização pública de atividades culturais ou sociais, seminários de estudo ou atividades diretamente voltadas para a conscientização ou reivindicação dos direitos humanos de grupos ameaçados. Também é um testemunho de fé a luta ativa contra a desigualdade econômica e social, a apresentação ao poder público de projetos alternativos melhores... e outros compromissos organizados. O objetivo dessa atividade pública cristã deve ser sempre o bem comum, ou seja, respeito pela pessoa humana, bem-estar e desenvolvimento social, ou paz com segurança[10]. Esse modo de presença pública da fé não pode ser feito individualmente, mas geralmente requer certo envolvimento com um grupo no qual vários fiéis, talvez com outras pessoas de boa vontade, desenvolvem projetos visíveis no meio da sociedade, de acordo com a nossa fé cristã.

Família, grupo cristão, comunidade

Uma manifestação de nossa atividade externa também é qualquer uma daquelas que poderíamos considerar nossas obrigações comunitárias, como as responsabilidades familiares de marido ou

---

10. "É necessário que todos participem, cada um conforme o lugar que ocupa e o papel que desempenha, na promoção do bem comum. Esse dever é inerente à dignidade da pessoa humana": *Catecismo da Igreja Católica*, n. 1.913; ver também n. 1.905-1.912; e Concílio Vaticano II, *Lumen Gentium*, n. 36.

mulher, filho ou filha, pai ou mãe; os compromissos livremente assumidos em grupos e associações; compromissos em comunidades cristãs ou religiosas.

A *família* é uma realidade social fundamental que Deus quis e à qual todos pertencemos. A grande maioria das pessoas neste mundo quer viver em uma família que as ame e na qual possa amar, onde cuidem e sejam cuidadas. Por isso, em várias pesquisas, a família costuma ser uma das instituições sociais mais valorizadas, até mais do que o casal. Quando somos jovens, a família de origem facilita e condiciona o nosso desenvolvimento, pois nela crescemos com segurança ou medo, praticamos as habilidades básicas para conviver e nos relacionar, aprendemos a respeitar porque somos respeitados, tornamo-nos autônomos ou submissos, tendemos a viver em harmonia ou em conflito com os outros... A família de origem, sobretudo a relação com os nossos pais, permanecerá para sempre como matriz primordial de muitas relações posteriores, mas também como lugar onde o amor de Deus pode se manifestar.

Cumprir positivamente o quarto mandamento não é apenas um preceito divino, mas também uma exigência natural para a cura de muitos conflitos relacionais que às vezes carregamos. Trata-se de saber amar os pais (com amor desinteressado) quando crescermos. Quando eles deixarem de ser uma referência privilegiada para a satisfação das nossas necessidades. Quando nos tornarmos economicamente autônomos. Quando parecer que não precisamos deles. Quando se tornam idosos e envelhecem. Esse amor não só faz bem a eles, mas também nos torna mais humanos e mais cristãos.

Amar nossos pais hoje pode significar falar com eles sobre histórias passadas, comunicando (não censurando) nossas experiências que eles suscitaram. Por exemplo, quando às vezes frustraram nossos desejos de infância, quando não nos permitiram ganhar a justa autonomia na adolescência ou não aprovaram alguns projetos juvenis. O acompanhamento pode ser um lugar muito propício para relembrar essas histórias e, depois de um discernimento adequado, ver se é conveniente conversar com nossos pais sobre essas coisas, a fim de tornar mais autêntica a relação atual com eles e talvez de alguma forma sanar a raiz de algumas frustrações latentes.

O cristão é chamado a formar uma comunidade de fé articulada, a viver na comunidade da Igreja, e por isso a sua fé é mais bem vivida em um *grupo, associação ou movimento* do que individualmente. Quando pertencemos a um grupo cristão de qualquer tipo, essa pertença é ao mesmo tempo ajuda e compromisso, um lugar onde se alimenta a nossa fé cristã e o destinatário dos nossos esforços em favor dos outros. Por isso, no acompanhamento espiritual, podemos falar frutuosamente sobre nossa pertença e participação, sobre o que nos traz e com o que contribuímos, assim como suas possíveis limitações. O objeto da conversa espiritual, normalmente, não deve ser o grupo como tal, sua organização ou seu funcionamento, mas nossa participação pessoal naquele grupo, nossa intervenção ativa nele, tudo o que ele nos traz e também o que nos causa desconforto. No acompanhamento espiritual, absolutamente tudo pode ser examinado e revisto, mas sempre a partir de uma perspectiva pessoal. Somos, cada um de nós, como cristãos, convidados a nos comprometer com alguma forma de ação comunitária ou de grupo, e também discernir a nossa vinculação, o nosso compromisso, inclusive a saída do referido grupo.

Para quem vive uma *vida consagrada em comunidade*, ou para quem está se formando para o sacerdócio em um *seminário*, outro tema de conversa geralmente muito útil é o da vida comunitária, com as nuances e características que cada situação tem. Para o vocacionado, a vida comunitária é muito mais do que um lugar funcional onde pode encontrar alojamento e apoio logístico, pois a comunidade, expressão de comunhão, faz parte da vocação, da consagração e da missão do consagrado. Na comunidade, procuram viver os valores que Cristo viveu com o seu grupo de discípulos. Nela, testemunha-se que é possível estabelecer uma comunhão entre pessoas diferentes, vivendo no amor e na confiança recíproca; pessoas que se escutam e se entendem, que se perdoam e se apoiam nas necessidades. Certamente, a comunidade pode ser também um lugar de organização apostólica ou pastoral, um lugar onde se pode descansar depois do trabalho, onde se compartilha o trabalho e seus frutos, o fracasso ou a frustração. Porque a comunidade, como foi dito com muita razão, é ao mesmo tempo casa e oficina. Por isso, a inserção comunitária das pessoas com vocação não pode deixar de ser examinada, discernida e fortalecida no acompanhamento espiritual, sabendo sempre que não se deve tratar da vida da comunidade, mas da nossa vida naquele determinado grupo humano.

4. Sexualidade e afetividade

A *afetividade* pessoal[11] é uma das áreas antropológicas que deve ter uma presença inquestionável na conversa de acompanhamento espiritual, por vários motivos. Embora às vezes não seja totalmente confortável falar sobre isso, na verdade faz parte do nosso modo de ser e condiciona muitas das nossas motivações profundas. Mas a afetividade, de fato, já está envolvida em qualquer assunto da conversa de acompanhamento, como acontece ao relembrar a história pessoal, ao evocar nossa reação a diferentes pessoas, ao mencionar sucessos e fracassos, conquistas e frustrações. Pois diferentes emoções são despertadas quando evocamos situações em que vivenciamos afetos intensos, e, ao narrá-las, podemos sentir novamente desconforto, ira ou desânimo, e podemos corar, ficar com calor ou agitados; ou talvez

---

11. Segundo o *Dicionário da Real Academia Espanhola de Línguas*, a *afetividade* é o "conjunto de sentimentos, emoções e paixões de uma pessoa", e o *afeto* é "cada uma das paixões de ânimo, como raiva, amor, ódio etc., e especialmente amor ou carinho".

percebam em nós uma grande ternura ou mesmo vontade de chorar de raiva ou de impotência.

O mundo afetivo é sempre mais íntimo do que o nível dos fatos ou pensamentos objetivos. É um território que nem sempre controlamos, pois é mais passivo que o mundo dos pensamentos, mais incontrolável que o dos fatos, e por isso não é fácil comunicá-lo, mesmo que queiramos ser claros com nosso acompanhante espiritual. Mas, por outro lado, a afetividade dá cor à vida, enche de movimento e calor formas inertes e frias, humaniza pessoas e situações. A comunicação desse mundo afetivo no acompanhamento nos ajuda, pelo menos, a compreender com maior profundidade os acontecimentos e as situações. Também contribui para integrar progressivamente nossa riqueza afetiva, que se torna destrutiva se for reprimida ou explodir sem controle. A afetividade pode ser um motor descontrolado ou uma força altamente construtiva.

Quando, além disso, a afetividade está ligada à vivência da própria *sexualidade*, como acontece em algumas ocasiões, é mais difícil de expressar, porque toca em aspectos mais íntimos, em que nos sentimos ainda mais vulneráveis. No entanto, a sexualidade pessoal pode ser abordada com simplicidade no acompanhamento, ainda que precisemos de um pouco mais de tempo ou abordemos o tema no início de nossos encontros, ou mesmo que tenhamos um problema específico com isso ou não. Em todo caso, mais cedo ou mais tarde, em um acompanhamento prolongado, que busca certa profundidade e que pretende seguir um processo de ajuda pessoal, todos esses temas fazem parte da conversa.

Pode-se falar da sexualidade de forma mais ou menos sistemática, por exemplo, resumindo a própria história sexual nas diferentes fases: infância, adolescência, juventude e adulta. A narração pode incluir as ideias que tivemos sobre ela em cada fase, o ensino ou a educação recebida, o que ouvimos de outras pessoas significativas, como nossos pais, irmãos, professores ou amigos. Também se pode comentar sobre as práticas ou experiências sexuais realizadas e seu significado em cada momento, como masturbação adolescente, episódios de intimidade física com outras pessoas, possíveis relações homossexuais ou heterossexuais, uso de diferentes meios de comunicação social (revistas, páginas da internet, redes sociais) para visualizações ou contatos com conteúdo sexual. Também nesse campo é possível diferenciar no relato entre palavras e fatos, entre fatos e sentimentos, entre sentimentos e significados. Histórias semelhantes significam coisas diferentes para pessoas diferentes.

Para muitas pessoas, a sexualidade não se apresenta como algo especialmente problemático, embora em outros casos possam existir histórias realmente dolorosas, como situação de abuso infantil ou na adolescência, conflitos com a própria orientação sexual, sentimentos de culpa, rejeição dolorosa, infidelidade e outras. Por outro lado, a vivência da sexualidade é específica de cada pessoa, embora seja verdade que costuma ser vivida de forma diferente por homens e mulheres. As mesmas situações não têm para homens e mulheres o mesmo significado, nem as tendências, as sensibilidades e os problemas costumam ser do mesmo tipo. O homem, em geral, é mais sensível e mais vulnerável na área sexual, genital e na área dos sentidos. Enquanto a mulher costuma ser mais sensível no plano da afetividade e dos sentimentos. Por essa razão, os problemas mais comuns nas mulheres são os apegos e as relações simbióticas, enquanto as questões de identidade sexual ou os problemas de excitação e de relações físicas são mais frequentes nos homens.

No acompanhamento espiritual, é interessante perceber o significado que cada situação tinha na época, mas também (e mais importante) o significado que queremos que tenha agora para a nossa vida cristã. Pois, seja o que for do passado, a decisão sobre o futuro depende em boa medida do momento presente. E o que se pede aos cristãos é que tomemos em nossas mãos a nossa história, seja ela qual for, para realizar com ela um ato de liberdade na direção mais correta.

Se a experiência afetiva e sexual certamente é significativa para cada pessoa e, portanto, em todo projeto cristão, a relação e a vida a dois também devem ser significativas para todo cristão que tem namorada ou namorado, esposa ou esposo. A situação é diferente para quem ainda é solteiro e para quem já se casou, porém, em ambos os casos, a relação afetiva com outra pessoa com quem se deseja compartilhar toda a vida tem um impacto muito decisivo na vida e na práxis cristã de qualquer pessoa. No caso dos solteiros, é normal que a preparação para a vida em comum implique um forte discernimento, pois há experiência, conhecimento mútuo, valorização das características e qualidades do outro, bem como opção incipiente, confirmação e compromisso progressivo. A relação se constrói pouco a pouco, por meio do encontro humano de duas pessoas que, sem dúvida, também querem tornar Deus presente nessa relação.

No caso do acompanhamento de alguém já casado, normalmente já foi percorrido o caminho do enamoramento, do discernimento e da escolha. Contudo, a vida em comum, incluindo a intimidade conjugal, introduz elementos que qualificam essa relação e cumprem a função de realizar o projeto de casal cristão a que se propuseram quando se casaram. Ademais, esse belo caminho a dois não está isento de dificuldades, algumas delas relacionadas à própria relação interpessoal.

5. Conflitos de todo tipo

No acompanhamento espiritual prolongado, podemos também falar sobre os conflitos de todo tipo que padecemos. As crises ao longo da vida podem acontecer a qualquer momento e fora de qualquer programação cronológica, sociológica ou espiritual. Um conflito muito notável que ocorre a uma pessoa que inicia um determinado caminho cristão de seguimento do Senhor é uma *crise de infidelidade* em suas opções básicas. Embora todos os fiéis saibam que somos radicalmente pecadores[12], também é verdade que uma grave infidelidade a compromissos fundamentais de nossa opção de vida (por exemplo, o casamento, a condição de vida consagrada, um caminho de formação no seminário maior ou o estado sacerdotal) nos tira profundamente a identidade, nos fere e nos decepciona, como uma fraqueza que nos humilha no presente e que suscita profunda insegurança quanto ao futuro. A dita infidelidade pode referir-se a qualquer tipo de pecado, pois Deus nos convida a seguir livremente um caminho de filiação, e a traição desse projeto mais debilita o pecador do que ofende a Deus.

Esse tipo de infidelidade pode ser confessado no sacramento da Reconciliação, mas receber o perdão de Deus na Igreja não substitui a necessidade de "processar" o que aconteceu, entender a origem desse comportamento e tratá-lo adequadamente mais uma vez. Um caminho quase sempre necessário consiste em elaborar adequadamente a culpa diante das próprias faltas, que pode assolar os bons cristãos e é um sentimento que costuma passar por diversas fases, até que experimentem a dor e a confusão da verdadeira contrição religiosa[13]. Por isso, no acompanhamento espiritual, independentemente do sacramento, essas questões podem ser abordadas com sucesso para melhor integrá-las em nosso caminho de crescimento contínuo, ainda que com altos e baixos, rumo ao Deus que continua nos chamando antes e depois de nosso pecado.

As *crises existenciais* tendem a ser mais ou menos comuns em diferentes pessoas, pois há situações e fases de desenvolvimento que envolvem profundas mudanças biológicas e sociais, e que nem sempre

---

12. Pois "minha mãe concebeu-me no pecado" (Sl 51,7).

13. "No ano de noviciado, tive grandes desassossegos com coisas que, em si, pouca importância tinham. Culpavam-me muitas vezes sem que eu tivesse culpa": TERESA DE JESUS, *Livro da Vida*, 5,1; ver também 6,4. Inácio de Loyola também experimentou diferentes tipos de culpa psicológica e escrúpulos muito notáveis até sentir em paz a graça da reconciliação.

são fáceis de viver adequadamente. A psicologia das fases da vida (por exemplo, na perspectiva de Erik Erikson) caracterizou algumas dessas etapas e viu que é inevitável e conveniente percorrê-las, de modo que não sejam apenas crises, mas também oportunidades de crescimento. Considerando não só as fases da vida, mas também outros momentos existencialmente significativos, qualquer pessoa pode viver algum conflito importante, pelo menos em sua vivência interior. Isso pode ocorrer, por exemplo, durante a puberdade, na adolescência, no início ou fim de uma carreira, ao longo do namoro e do compromisso conjugal, devido a uma opção vocacional ou profissional, em razão de uma promoção com maior responsabilidade funcional ou demissão do cargo, por mudança de endereço, cidade ou país, por crise econômica ou conjugal, por aposentadoria ou doença, por falecimento de entes queridos ou mudanças bruscas nas condições do ambiente afetivo.

No diálogo de acompanhamento, muitas dessas questões não podem ser modificadas, é claro, mas sim formuladas e assumidas. Por exemplo, qualquer acompanhante espiritual sabe que a adolescência é um período mais ou menos turbulento, em que o rapaz e a moça precisam de um pouco de compreensão e apoio, e não apenas de sugestões e orientações. Diante de uma escolha profissional, quando a pessoa tem a sorte de poder escolher entre diferentes opções, o acompanhamento pode ajudá-la menos a avaliar racionalmente as circunstâncias, como, por exemplo, as condições de trabalho, os horários, o local de trabalho, a remuneração, a projeção futura etc., mas ajudá-la muito a discernir o que quer da vida, o papel (importante ou apenas circunstancial) que esse trabalho pode ter para ela ou o lugar que pode ocupar em seu projeto de vida cristã já assumido. E um trabalho escolhido nesse quadro é assumido e compreendido melhor do que outro escolhido apenas com base na racionalidade natural. Falar de uma situação de desemprego (e dos consequentes sentimentos de inadequação, fracasso, injustiça ou confusão) ajudará a ler essa situação em perspectiva cristã e a enfrentar de forma diferente não só a situação em si, mas também a nossa condição afetada por ela. Dessa forma, o acompanhamento pode ser lugar e ocasião para o nosso discernimento e êxito na vida concreta.

Às vezes, uma *crise eclesial* pode ocorrer precisamente no centro de nossos vínculos e compromissos com a Igreja, seja como leigos ou como pessoas consagradas. Pode ser desencadeada em torno da missão eclesial que nos foi confiada, ou por alguma tarefa que realizamos dentro dela, ou por qualquer pessoa. Já não se trata de comentar no acompanhamento se fazemos melhor ou pior o nosso trabalho, ou se o fazemos com mais ou menos sentido. Às vezes, a questão é o próprio significado daquela missão ou a autenticidade daquela porção da Igreja com a qual estamos em contato. Portanto, no diálogo espiritual, às vezes se trata de enfrentar o fundo da questão: a missão que realizamos com a reta intenção é a própria missão de Cristo. E a missão de Cristo passa sempre pelo mistério da cruz, por meio da qual ele salva o mundo. Por isso, parece que nossa missão, mais cedo ou mais tarde, terá que passar, de qualquer maneira, por essa experiência de aniquilamento. Será pelo cansaço do cargo, pela indiferença dos superiores, pelo descuido dos colegas, talvez pela irrelevância social. Contudo, mais cedo ou mais tarde, podemos nos encontrar com aquela cruz que devemos adorar de longe, abordá-la com respeito, abraçá-la com amor e deixar que o Senhor faça por ela a sua obra redentora. Nesse caminho, sem dúvida, um bom acompanhamento espiritual pode nos orientar ao longo do caminho, confirmar nossas disposições, combater rebeliões e amparar nas crises.

Às vezes, é a *instituição eclesial* que está por trás de uma crise em torno de nossa missão, ou pode ser percebida como a principal causa da mesma crise. Pode acontecer que as próprias mediações eclesiais[14]

---

14. A Igreja é santa, mas seus membros não alcançaram a santidade perfeita. A própria Igreja acolhe no seio os pecadores, pelos quais tem necessidade de purificação: CONCÍLIO VATICANO II, *Lumen Gentium*, n. 8. Ver também 1 João 1,8-10.

nos dificultem uma relação pacífica com a Igreja-Mistério e com o Senhor dessa Igreja. Trata-se de uma dificuldade que algumas pessoas com uma longa caminhada cristã podem experimentar, e nem sempre basta olhar a situação com fé humilde para superar a dificuldade sentida, pois podem ser experiências existenciais em que tudo desmorona por dentro[15]. O acompanhamento espiritual pode ser o espaço adequado para expor essas dificuldades, típicas de um fiel adulto e comprometido, e elaborá-las da melhor maneira possível.

Finalmente, outra questão sempre difícil que podemos experimentar é a *crise de fé*, que põe em questão até as raízes da nossa fé histórica e afeta profundamente a nossa relação com Deus. Nossa fé, de fato, pode ser questionada por nossa infidelidade, nossa leviandade intelectual, nossa autossuficiência ou algum tipo de provação espiritual[16]. Deus, em todo caso, quer que o amemos puramente, e às vezes nossa fé tem muitos apegos desnecessários que a tornam menos autêntica. Seja qual for o motivo, se nossa fé esfriou, escureceu, fraquejou ou se tornou impossível, o acompanhamento espiritual é o local adequado para expor a situação, explorar suas circunstâncias, sentir seus efeitos e, com certeza, encontrar alguma pista para um caminho renovado nessa fé, vivida de forma mais humilde ou com diferentes suportes. O itinerário não será curto nem fácil, mas Deus está sempre conosco e nos espera no final das tantas reviravoltas da vida.

Como dissemos, em qualquer uma dessas ocasiões, e em muitas outras que possamos imaginar, podemos vivenciar turbulências significativas que merecem ser tratadas no acompanhamento espiritual.

---

15. "[São Pedro de Alcântara] disse-me que uma das maiores provações da terra era aquela que eu sofrera, que é a contradição dos bons". TERESA DE JESUS, *Livro da Vida*, 30,6. Ver também 28,18.

16. A Escritura fala das provas de Deus e a Tradição da Igreja recolhe a experiência de homens e mulheres de reconhecida santidade que se sentiram provados por Deus, como Teresa de Jesus (*Livro da Vida*, 11,11) ou Inácio de Loyola (*Exercícios Espirituais*, n. 322).

As crises não são apenas ameaças à nossa estabilidade, mas também ocasiões em que Deus quer comunicar alguma graça aos que esperam vigilantes[17].

Terminamos a apresentação dos temas habituais e extraordinários do diálogo espiritual. Na preparação do encontro e ao longo dele, veremos quais temas devem ser abordados em algum momento, quais devem ser repetidos de vez em quando e quais não parecem tão relevantes. Cada pessoa é única e cada acompanhamento tem seu próprio processo. Em suma, pode-se dizer que, no acompanhamento espiritual, é conveniente falar sobre tudo[18], embora os temas mencionados possam servir de guia. No próximo capítulo vamos nos deter mais lentamente no difícil tema do discernimento vocacional, e mais adiante (Capítulo IV) veremos como lidar com todos esses temas e articulá-los para um bom encontro.

---

17. Como as virgens previdentes de Mateus 25,10.

18. "Isso sempre consegui, tratando com toda clareza e verdade com aqueles a quem conto as coisas da minha vida; até os primeiros movimentos eu gostaria de tornar públicos e, nas coisas mais duvidosas e suspeitosas, eu chegava a dar-lhes argumentos contra mim, abrindo-lhe minha alma sem duplicidade nem subterfúgios": TERESA DE JESUS, *Livro da Vida*, 30,4.

III
Discernir a vocação

Nas páginas anteriores aludimos a diferentes temas que devem ser tratados ao longo de um acompanhamento espiritual. Neste capítulo, apresentamos o discernimento vocacional como outro importante tema de conversa que pode ocupar vários encontros. O discernimento vocacional cristão refere-se a todos os tipos de vocações, já que Deus nos chama a todos de diversas maneiras e tem um projeto vital para cada um. Por isso, todo fiel responsável procura captar bem os sinais que Deus envia. É o que chamamos de "discernimento vocacional", que cabe a todos os cristãos (e cristãs) que querem considerar a sua vida como uma vocação, seja celibatária ou conjugal, como leigo ou consagrado. Nos parágrafos seguintes, apontaremos alguns critérios para reconhecer esse chamado, com particular atenção para a vocação de consagração especial, como a de sacerdote, religioso ou religiosa.

1. Deus nos chama a todos

Deus sempre nos chama a uma comunhão profunda com ele[1], mas também deseja um modo de vida e uma missão para cada um de nós. O apelo fundamental que nos dirige é um convite a sermos santos (como ele) e a evangelizar o mundo. É o chamado a ser filhos e filhas em seu Filho Jesus Cristo. É o chamado à santidade, à misericórdia, à imitação do próprio Deus e de Jesus, para nos conformarmos com Cristo, de modo que, de certo modo, já vivamos como pessoas ressuscitadas[2]; porém esse chamado universal a ser como Jesus e a viver como ele deve ser vivido por cada pessoa segundo a sua *vocação particular*. Na Igreja, organicamente articulada, tanto os ministros ordenados como os ministros leigos e pessoas consagradas participam da mesma missão sacerdotal, profética e real de Cristo, embora cada pessoa tenha a sua vocação particular.

As Escrituras apontam para esses chamados específicos de maneiras diferentes. O esquema dessas vocações na Bíblia é que Deus irrompe na vida ordinária de uma pessoa, comunicando-se mais intimamente com ela, para lhe propor uma missão. Como resultado desse encontro e da missão recebida, a vida dessa pessoa muda, a partir de tal experiência, de maneira definitiva. É o caso, por exemplo, de líderes como Abraão, Moisés ou Gideão, de profetas como Samuel, Isaías ou Jeremias, dos discípulos de Jesus ou de Paulo de Tarso. E assim aconteceu também, paradigmaticamente, com Maria de Nazaré na Anunciação, cena que tantas vezes nos ajudou a compreender o que é uma vocação (cf. Lc 1,26-38)[3].

Em todas essas situações, e em muitas outras que a Escritura nos propõe, Deus fala com palavras por vezes obscuras, por isso

---

1. Concílio Vaticano II, *Gaudium et Spes*, n. 19.
2. A vocação é à santidade (cf. Lv 11,45; 1Pd 1,16); à perfeição (cf. Mt 5,48); à misericórdia (cf. Lc 6,36); à imitação de Deus e de Jesus (cf. Ef 5,1; 1Cor 11,1); a viver como ressuscitados (cf. Rm 6,11; 8,17; Ef 2,6; Cl 3,1-3).
3. Ver também Concílio Vaticano II, *Lumen Gentium*, n. 56.

devem ser discernidas pela pessoa chamada repetidas por Deus. Também é frequente que a tarefa para a qual Deus chama só seja compreendida em todas as suas implicações muito mais tarde, embora no momento do chamado possa ser suficientemente intuída. Muitas vezes todas as repercussões vitais que essa vocação comporta não são imediatamente compreendidas, pelo que se estabelece um diálogo explicativo entre o chamado e Deus. E, finalmente, exige-se sempre a livre decisão da pessoa, que nos casos indicados consiste na dedicação abnegada à missão que Deus lhe confia e ao modo de vida que essa missão lhe pede.

No caso de cada um de nós, a busca da nossa vocação (o chamado que Deus nos faz) é uma responsabilidade e uma oportunidade. Nós, como cristãos generosos, temos o dever de descobrir o que Deus quer de nós, pois essa vocação, embora às vezes pareça algo difícil, encarna o melhor destino que pode nos esperar, realiza o projeto de nossa vida e a plenitude de nossa pessoa e nos oferece a felicidade que é possível encontrar neste mundo.

De fato, muitos cristãos não consideram a possibilidade de que Deus tenha algum projeto particular para eles e crescem tentando alcançar os objetivos que se propõem ou que a vida simplesmente lhes apresenta. Vários elementos confluem nessas situações: as influências familiares e ambientais que cada um recebe; o jeito pessoal de ser, incluindo inteligência, simpatia, desejos pessoais...; o tipo de oportunidades que a vida lhes oferece como viáveis, devido à sua situação familiar, acadêmica ou laboral; o estabelecimento de certas relações; necessidades pessoais de segurança, afeto e estima; e muitas outras variáveis. E, consequentemente, muitos cristãos escolhem estudar ou abandonar os estudos, procurar um tipo de trabalho ou outro, relacionar-se com as pessoas de uma forma ou de outra, namorar um rapaz ou uma moça de uma forma ou de outra. E tudo isso vai criando as condições em que, *aparentemente sem escolher*, cada pessoa elege o seu modo de vida e o seu estado de vida, ou aproveita as oportunidades que lhe são oferecidas, segundo as próprias intenções. Mas, em última análise, muitas pessoas deixam suas escolhas vitais a forças externas e motivações internas que nem sempre são reconhecidas; razão pela qual não elaboram consciente e livremente suas opções e seus projetos como cristãs.

Também acontece, segundo nos mostra a experiência de muitas pessoas e algumas pesquisas sociológicas, que nas fases juvenis da vida muitas pessoas de fé consideram pelo menos a possibilidade de que Deus possa chamá-las a uma vida de consagração especial, como o sacerdócio ou a vida consagrada em qualquer uma de suas formas. Deus não deixa de chamar uns e outros, ontem e hoje, como fará até o fim dos tempos, a diversos estados de vida. Por isso, cada pessoa deve discernir a própria vocação, e o acompanhamento espiritual é uma ocasião privilegiada para fazê-lo com mais garantias do que se o fizéssemos sozinhos, sem nenhuma ajuda.

2. Discernir a própria vocação

Deus chama a cada um, e quem estiver atento a ele ouvirá alguns sinais desse chamado. Estar atento a Deus, já sabemos, é saber estar em silêncio, é aprender a olhar para dentro, é escutar a Palavra e suas ressonâncias em nossos corações. Pelo contrário, é muito difícil ouvir a Deus, e perceber os sinais que ele nos envia, sem dar uma atenção especial a esse mundo interior. Como todo diálogo com Deus, o discernimento da própria vocação, por um lado, pode nos encher de alegria e confiança, mas, por outro, também nos arrebata um pouco. Porque deixar que Deus decida sobre a nossa vida é permitir que ele tome a iniciativa em um campo que é muito nosso; é deixar o nosso destino nas mãos do Outro, e isso sempre produz um pouco de vertigem.

Os sinais que Deus envia surgem ao longo de nossas vidas, mas podem aparecer com mais força em determinados momentos.

Costumam coincidir com a reflexão que qualquer jovem faz sobre o seu futuro, porque Deus mora no coração de cada um. Algumas questões que nos colocamos são deste teor: serão estes os estudos que me vão ajudar a encontrar um emprego significativo? Teria que passar alguns anos da minha vida dando ajuda voluntária e abnegada em favor dos outros? Ou talvez eu deva empregar toda a minha vida a serviço dos outros? Será este trabalho o que dará à minha vida um sentido humano e cristão pleno? Será este rapaz, ou esta moça, a pessoa que me fará feliz, se eu me comprometer com ele (ou com ela) para sempre?...

Mas em outras ocasiões as perguntas podem vir de fora. Alguém que nos conhece pode nos fazer a pergunta: "Você já pensou em ser padre? Você já se perguntou se Deus lhe pede para ser religioso?...". Uma pergunta como esta, formulada diretamente e com respeito por aqueles que buscam o nosso bem, deve ser recebida com atenção, porque talvez alguém tenha descoberto em nós condições ou qualidades vocacionais, ou alguns sinais de Deus dos quais ainda não estamos muito conscientes. Se essas perguntas desencadeiam um discernimento pessoal, no final, seremos nós que veremos o fundamento que elas têm e decidiremos livremente.

Com o passar dos anos, as questões sobre o sentido da vida podem ser diferentes, mas também podem ser retomadas e, de certa forma, exigir uma revisão da nossa experiência vocacional atual, seja porque não foi bem discernida no passado, seja porque novas experiências espirituais nos parecem exigir outras abordagens mais radicais, ou ainda porque, atualmente, algumas circunstâncias a questionam. E, por isso, algumas pessoas reconsideraram sua vocação inicial, ou gostariam de reformular profundamente o modo como vivem a primeira vocação; ou desejam enfrentar cristãmente uma crise em sua atual condição cristã, seja matrimonial ou religiosa, seja em seu modo habitual de vida ou profissionalmente. Todavia, em última análise, não basta ouvir os primeiros e tardios sinais que Deus nos envia, mas também devemos ter a coragem de enfrentar a situação de maneira cristã e responder a esses sinais, ou seja, confiar em Deus e buscar sua vontade para nós neste momento da vida.

O processo comum de qualquer discernimento, e mais ainda quando se centra em uma decisão vocacional que envolve toda a vida, exige que se desenvolva segundo algumas condições convenientes. Aludiremos um pouco mais adiante a diferentes modos válidos de tomar decisões[4], mas aqui apresentamos alguns critérios para a fase de *discernimento anterior* à eleição ou decisão vocacional. O discernimento pede, antes de tudo, que haja moções espirituais, que são sentimentos experimentados na oração ou fora dela. Elas podem surgir na forma de inclinações quando nos encontramos diante de Deus e diante de sua Palavra, quando adoramos o Senhor na Eucaristia, quando escutamos a um testemunho cristão; também quando contemplamos uma imagem sagrada, quando lemos um livro sobre um santo, ou talvez quando observamos a vida de um bom cristão que nos convida a imitá-lo. Deus fala de muitas maneiras, mas cada pessoa deve perceber essas moções para tentar conhecer o sentido do que experimentou afetivamente.

Isso é o discernimento: tentar ver o valor dessas experiências afetivas, porque, de fato, nos perguntamos: será que são coisas minhas ou talvez Deus me move assim e me diz algo assim? A melhor forma de entender essa moção é pensar um pouco sobre ela, perceber que origem e direção ela tem, ver se ela se repete muito ou pouco, se nos deixa consolados e animados, mesmo depois de ter passado. O melhor discernimento é feito em confronto, de alguma forma, com outra pessoa que nos ajude a objetivar as moções. De modo que, depois de tentar discernir pessoalmente, devemos ir até as pessoas que

---

4. No Capítulo V, seção 3, apresentamos como a escolha vocacional deve levar em conta os métodos ali propostos.

nos acompanham para partilhar nossas moções e reflexões. E esse acompanhante nos ajudará a discernir o significado dessas moções e sua direção.

Esse diálogo contínuo, mantido enquanto pedimos luz a Deus e enquanto se repetem as moções interiores, nos permitirá descobrir se elas vêm de Deus ou são meras ilusões do espírito maligno, ou talvez nossas simples pretensões. E, à medida que a verdade se tornar mais clara, deverá ser tomada a decisão de aceitar tais moções quando forem do bom Espírito, deixando-se guiar por elas ou rejeitá-las como tentações do mau Espírito, se assim nos parecer que elas são.

O discernimento compreende, então, estas três fases: experimentar ou sentir as moções, analisá-las individualmente e com outra pessoa experiente, e, finalmente, tomar a decisão correspondente. Mas é improvável que haja moções apenas em uma direção e que sejam sempre muito claras. O mais comum é que diferentes tipos de moções se alternem: atrações por um modo de vida e rejeições a esse mesmo modo de vida; desejos e repugnâncias; confianças e medos; gostos e desgostos... E nem sempre os discernimentos são pacíficos e tranquilos. Por isso, o acompanhamento espiritual é duplamente importante, não apenas porque outra pessoa pode nos esclarecer melhor com sua sabedoria ou experiência, mas, acima de tudo, porque essa pessoa é mais livre do que nós para distinguir a direção de nossas moções, de modo que não seja afetada por nossas paixões nem enganada por nossos maus espíritos. O discernimento feito a dois ajuda muito mais a encontrar a verdade do que um discernimento feito por alguém fechado em si mesmo e radicalmente condicionado por ser uma mesma pessoa o sujeito e o objeto da análise e da decisão. Ninguém é bom juiz em causa própria.

Esse processo de discernimento, que na vida cotidiana requer certo tempo, pode ser feito sobre qualquer uma das decisões vitais que devemos enfrentar e que já mencionamos. Poderíamos dizer que todo bom cristão – na verdade, toda pessoa que aspira ser honesta e íntegra – deve passar pelo crivo do discernimento as questões fundamentais de sua vida, como a escolha de uma profissão ou de um tipo de trabalho mais ou menos definitivo. Também deve discernir sobre o seu estado de vida: no casamento ou na vida celibatária para o Reino dos Céus e sobre outras questões semelhantes. A seguir, faremos algumas reflexões sobre o discernimento de uma vocação ao sacerdócio ou à vida consagrada, que sem dúvida tem algumas notas e características específicas em comparação com a vocação laical, mais comum na Igreja.

3. Condições básicas para uma vocação consagrada

Quando Deus chama uma pessoa para lhe confiar uma missão, garante a capacidade necessária para aquela tarefa que lhe confia, pois Deus não pede o impossível. Mas acontece que muitas vezes a pessoa chamada não se sente capacitada, por si mesma, a realizar essa missão. Isso aconteceu, por exemplo, com Moisés e Jeremias (cf. Ex 3; Jr 1). Contudo, quem mede e valoriza essas capacidades é o próprio Deus, que, por um lado, valoriza as qualidades presentes na pessoa chamada se ela se coloca à disposição e, por outro, dá a sua graça para a realização do novo projeto de vida. Isso porque Deus sempre faz a sua obra a partir da frágil condição humana. Ele mostra ao interessado e a todos que não se importa com a fraqueza humana, como fez, por exemplo, para derrotar os inimigos de Israel com poucos fiéis, ou ao escolher como rei de Israel o caçula da casa Jessé (cf. Jz 7; 1Sm 16,11-13, respectivamente). Ou seja, as forças do ser humano não bastam por si mesmas para a missão de Deus, mas ele confere a capacidade necessária àqueles que ouvem o chamado e estão prontos para atendê-lo, confiando em sua graça. Com isso, queremos lembrar que Deus é mais forte que nossa fraqueza, e que sua ação de capacitar a pessoa chamada não é percebida no início da vocação, mas só depois que a pessoa responde ao chamado.

No caso das vocações atuais, a Igreja continua acreditando nesse chamado de Deus acima das forças humanas. Favorece também experiências religiosas nas quais esse chamado pode ser mais facilmente despertado ou reconhecido. A Igreja, por outro lado, escuta os sinais que as pessoas apresentam como chamados, ajudando no seu discernimento. Ela tem o dever de verificar esses sinais, comprovando a capacidade de resposta das pessoas à vocação recebida de Deus e garantindo as condições básicas de cada vocação. Tudo isso é feito para o bem de todo o povo de Deus, destinatário dessa vocação, e dos próprios sujeitos que a recebem. Por isso, propõe um marco geral de elementos fundamentais para o sacerdócio ou para a vida consagrada. Abaixo propomos essas *condições básicas* que a Igreja contempla para uma vocação de especial consagração[5].

Existem alguns requisitos que parecem bastante óbvios, como ter a *idade adequada* para iniciar um processo de formação religiosa em uma instituição eclesial (noviciado ou seminário), que se estabelece em torno da maioridade civil. E, embora Deus chame algumas pessoas desde muito cedo com um chamado autêntico, tal chamado, porém, deve crescer e amadurecer com o desenvolvimento psíquico e social da pessoa chamada. Também é possível que uma idade muito avançada não seja a mais adequada para alguém dedicar-se ao serviço do Senhor nesse estado de vida, embora cada instituição religiosa possa considerar um limite ou outro para iniciar essa formação religiosa[6]. Também parece razoável que a pessoa vocacionada tenha a situação social e jurídica adequada à vocação a que se sente chamada. Por exemplo: deve ser celibatário (solteiro ou viúvo) para ser sacerdote ou fazer voto de castidade, e não ter assumido responsabilidades

---

5. Vários documentos especificam em detalhes essas condições, que são simplificadas aqui.

6. Para os estudos sacerdotais, pode ser admitido um homem de certa idade que tenha qualidades adequadas. A incorporação à vida consagrada em comunidade e sob obediência será mais fácil de acontecer em uma idade menos avançada.

ou obrigações legais, nem obrigações morais que impeçam o livre exercício dessa vocação.

Também parece claro que o candidato à vida religiosa deve ter uma *fé cristã viva*, o que inclui ter recebido e acolhido a catequese básica da fé e da moral cristãs, viver na Igreja e aceitar o sentido fundamental da sua doutrina. A vocação de uma pessoa que se tornou cristã muito recentemente pode ser prematura. Por isso, parece obrigatório que transcorra certo tempo no caso de vocações que surgem imediatamente unidas à conversão repentina de uma pessoa muito afastada. Também quando está unida à incorporação à Igreja pelo sacramento do Batismo e, mais ainda, quando os candidatos estão começando a conhecer e amar Jesus, mas ainda não foram batizados. Outro caso diferente é o das pessoas sociologicamente cristãs que não viveram muito pessoalmente a sua fé, ou daquelas que se sentem cristãs, mas têm algumas questões a resolver na Igreja. Nesses casos, a vocação pode ter maior probabilidade de ser consistente, embora também precisem de certa pedagogia para que esse chamado possa ser consolidado em paz, naquela porção da Igreja em que desejam responder.

Parece também necessário que a pessoa chamada goze de *saúde física suficiente* para realizar a missão ou responder à vocação. "Saúde suficiente" é a saúde normal ou, quiçá, com alguma doença controlável que não impeça a formação ordinária e o exercício da futura missão. No caso das vocações juvenis, essa questão é bastante fácil de avaliar e confirmar. Também é verdade que atualmente a medicina permite uma vida de trabalho e dedicação a muitas pessoas, mesmo que devam cuidar de sua saúde de alguma forma.

Ter uma *saúde mental* suficiente é outro requisito necessário para responder a uma vocação que vai estar sujeita às tensões próprias de toda vida adulta e, além disso, a algumas dificuldades acrescidas pelo exercício da vocação e da missão. Todos entendemos que uma vocação, sobretudo quando é apostólica e quando deve exercer certa liderança no meio do povo de Deus, necessita de equilíbrio e estabilidade suficientes, bem como de certa capacidade de organização e disciplina pessoal para ordenar a sua vida pessoal e profissional. Também precisa de suficiente força de vontade para estudar e realizar as tarefas da missão, com comprovada capacidade de compromisso que garanta a perseverança no trabalho e de outras qualidades.

Nesse campo, podemos transitar entre um mínimo necessário e um ideal desejável, o que dá muito espaço para o discernimento. Contudo, como dissemos, Deus dá qualidades suficientes a quem chama, e um jovem não pode inicialmente ter todas as qualidades de uma vocação ideal, pois só o exercício da vocação e a experiência de vida vão proporcioná-las. Mas também é verdade que, no acompanhamento espiritual, podemos e devemos partilhar os nossos medos e desconfianças, deixando bem claro as limitações que julgamos ter para sermos ajudados no nosso discernimento. Pois bem, embora haja uma maturidade que se adquire ao longo dos anos e da vida, por vezes surgem situações de dificuldades psíquicas mais ou menos estáveis, que podemos chamar "estruturais", que podem dificultar ou desencorajar um percurso vocacional. Como exemplos, podemos citar algumas doenças mentais diagnosticadas por um profissional e que são crônicas; tratamentos médicos prolongados de crises mentais anteriores; manifestações frequentes, repetidas e conspícuas de instabilidade de caráter; incapacidade de assumir compromissos estáveis nos estudos, trabalho ou relacionamentos; visão exagerada e polarizada dos problemas da vida ou das pessoas (com uma perspectiva continuada de que só existem "bons" e "maus"); dificuldade de estabelecer relações normais com os iguais, com os superiores ou com subordinados etc.

Como podemos perceber, há sinais de maturidade e sinais de imaturidade psicológica[7]. Um acompanhante experiente pode ter

---

7. Se houver problemas psíquicos ou crises de uma determinada enfermidade (depressão, ansiedade, relacionamentos, autoimagem, com alterações maiores ou menores), é preferível tratar e superar estas dificuldades antes de iniciar o caminho institucional da vocação.

uma primeira impressão de nossa maturidade psíquica de forma suficiente, se nos encontrarmos com ele com certa frequência e lhe oferecermos os dados cotidianos em que se mostra essa maturidade, tais como: a vida que levamos, a distribuição de nosso tempo, nossa dedicação aos compromissos naturais da família, estudo ou trabalho, nossas dificuldades etc. E esse acompanhante também pode sugerir algumas dicas para amadurecermos, administrarmos algum problema de caráter, fortalecermos nossa vontade ou melhorarmos em algum dos aspectos em que somos mais frágeis. O fato de responder positivamente a essas primeiras sugestões já indica, sem dúvida, que temos uma *capacidade de amadurecimento* que talvez não tivéssemos no início do chamado.

Também o caminho completo de formação religiosa, que tende a ser longo, ajuda muito no amadurecimento pessoal de quem sente o chamado e tem tempo pela frente para conhecê-lo, amá-lo e segui-lo. Além disso, a maioria das instituições religiosas costuma oferecer aos candidatos, durante o discernimento, a possibilidade de fazer uma avaliação psicológica ou vocacional. Esse instrumento busca oferecer ao candidato (e talvez ao seu acompanhante espiritual, com a permissão do candidato) mais informações profissionais sobre sua maturidade e sua adequação à vocação, bem como orientações para um trabalho pessoal, a fim de continuar amadurecendo humana e vocacionalmente.

Até agora indicamos algumas orientações que parecem ser requisitos ou condições necessárias para uma vocação comum, segundo os critérios normalmente usados pela Igreja; e se, em qualquer caso, houver dúvida de sua presença, quase todas essas dificuldades podem ser discernidas ou avaliadas por quem tem autoridade para admitir a pessoa. Costuma-se julgar cada dificuldade particular, levando em conta o conjunto de outras qualidades presentes no candidato.

4. Sinais de uma vocação

Dadas as condições ordinárias de base de cada vocação, devemos dizer também que os sinais positivos da existência de uma vocação de especial consagração podem manifestar-se de muitas maneiras, mas costumam ter alguns *traços característicos* que se repetem regularmente.

Vejamos os principais. Especialmente no ministério ordenado, é importante indicar que o fato de *ser chamado pela autoridade competente da comunidade cristã* (pelo bispo) parece ser uma forma de confirmar que a Igreja examinou as condições básicas da vocação e as considera adequada e também reconhece que há sinais vocacionais suficientes. Extrapolando um pouco esse critério, parece que o reconhecimento por uma comunidade cristã (ou por um de seus membros com autoridade para fazê-lo) dos sinais e condições de uma vocação deve ser levado em consideração ao perguntar sobre a própria vocação, embora o reconhecimento pessoal deva sempre ser concomitante ou, pelo menos, seguir tal chamado ou sugestão.

O sinal principal de uma vocação é sempre uma *experiência pessoal do Deus cristão* que chama, seja o Pai de Jesus, o Filho feito homem por nós, seja o Espírito de Jesus ressuscitado que anima a nossa vida interior. Um Deus não só sentido no coração, mas também comprometido com uma vida pautada por certos princípios morais e religiosos, compatível com a humildade de reconhecer as infidelidades e fragilidades pessoais. Trata-se de uma forte experiência interior de que Deus está conosco, se faz presente em nossa vida, nos oferece todo o seu apoio e nos promete sua companhia para sempre. A pessoa chamada, o homem ou a mulher que faz essa experiência, pode também sentir a necessidade de responder a esse amor e à generosidade de Deus com uma *total reciprocidade*, que pode ser formulada assim: "Tenho que ser todo (ou toda) de Deus" ou "Deus me quer só para ele".

Assim, um jovem pode sentir que essa exclusividade e totalidade que Deus pede significa que ele não poderá compartilhar sua vida no casamento com outra pessoa, com uma mulher. E ele pode pensar dessa forma mesmo que naquele momento esteja namorando uma garota que ama sinceramente. Também pode acontecer isso com uma garota, com ou sem namorado, que pode sentir que sua vida deve ser somente para Deus. Pois, nessa vocação, Deus nos quer completamente para si, inteiros e para sempre, implicando uma totalidade que não admite condições. Em princípio é tudo ou nada, porque Deus sempre pede tudo. Normalmente, essa experiência não acontece repentinamente, apenas uma vez; ou, pelo menos, não costuma ser aceita de um dia para o outro. O chamado pode surgir em uma experiência pessoal de oração, de contato com o Transcendente. Contudo, a convicção do chamado costuma consolidar-se com o tempo, pouco a pouco, com mais momentos de oração, com o exercício da vida nova a que a pessoa se sente chamada, com a confirmação de que tal modo de vida é para ela.

Outro sinal de vocação ocorre quando uma pessoa, geralmente jovem, sente que se *identifica* com o modo de vida das pessoas com vocação, pessoas de qualquer idade. Isso acontece quando lemos sobre a vida de um santo ou de uma santa e nos impressionamos com seu estilo de vida, seu cuidado com os doentes, sua dedicação aos jovens abandonados ou em situação de risco, à catequese ou ao ensino dos ignorantes e dos pobres. Pode causar-nos admiração e podemos sentir certa identificação com a atividade apostólica de missionários e missionárias, pregadores, lutadores pela justiça, profetas antigos ou contemporâneos...

Parece bastante lógico que personagens da história cristã chamem nossa atenção, pois somos cristãos. Admirar a virtude, a dedicação, o esforço em favor do próximo, a generosidade e a abnegação, parece ser um nobre sentimento humano. Mas que, além disso, nos sintamos identificados com eles, parece ser um passo a mais e pode ser um sinal vocacional. Identificar-se, nesse caso, significa, por exemplo, que gostaríamos de fazer algo parecido e nos sentir como eles; que para nós uma vida assim tem mais sentido do que uma vida sem essa dedicação ou generosidade; que esse tipo de vida vale a pena. A identificação às vezes leva a pessoa a imitar os modelos, repetir alguns gestos ou traços daquela pessoa admirada.

Essa identificação também pode ocorrer em relação a pessoas vivas com quem nos encontramos na vida, como um professor de religião, uma freira ou catequista, um padre com quem falamos às vezes ou que admiramos por seu trabalho na paróquia, na escola ou em um grupo cristão. Várias formas de viver a vocação consagrada podem tornar-se referências vocacionais e, às vezes, distinguimos claramente qual é o nosso modelo dentre várias possibilidades. Nesse tipo de identificação, portanto, há uma atração, um desejo de imitar ou reproduzir comportamentos e atitudes semelhantes. Há também certa convicção de que encarnar essa mesma vida nos fará viver plenamente, dar um novo sentido à nossa vida e nos fazer felizes daqui para frente. A identificação é, portanto, um sinal vocacional claro, embora deva ser considerado juntamente com outros. E a identificação é um sinal vocacional mais claro quando o que admiramos nesses modelos (históricos ou atuais) se refere aos valores evangélicos que aquela pessoa reproduz, e não tanto às suas qualidades mais naturais ou humanas. Por exemplo, quando admiramos a fé, a generosidade e a dedicação de São Francisco Xavier ao anunciar o Evangelho, e não tanto o fato de ter sido mais ou menos exigente, inteligente ou simpático.

Portanto, esse tipo de identificação pode ocorrer com relação a pessoas próximas e específicas com as quais lidamos frequentemente[8]; pode ocorrer ao ouvir um missionário ou uma missionária que

---

8. A jovem Teresa, no internato das agostinianas, identificava-se muito com Maria de Briceño: "Comecei a gostar da boa e santa conversa dessa monja,

nos conta sobre países distantes e ações admiráveis, mesmo que a história seja narrada de forma simples. A identificação pode surgir na leitura sobre a vida de pessoas de fé, de santos ou santas de quem nos sentimos próximos e até um tanto cúmplices. A identificação também pode ocorrer quando admiramos, além dessa ou daquela pessoa, o que faz um grupo humano, uma congregação religiosa ou os padres da diocese. De modo que tal instituição ou modo de vida nos parece coerente, válido, construtivo para a humanidade e estimulante para nós. Claro que nem sempre nos identificamos com todas e cada uma das particularidades daqueles modelos que admiramos, porque nem tudo o que eles fizeram condiz com o nosso tempo ou com o nosso estilo. Nem sempre o seu caráter se assemelha à nossa maneira de ser. É antes uma atração e aceitação conjunta, global e nuclear de características essenciais.

E essa identificação também pode ocorrer, e deve ser muito valorizada, com relação a personagens bíblicos como Samuel, que ouve Deus desde criança; como Amós, que deixa sua posição confortável para complicar sua vida como profeta; ou como a Virgem Maria, que diz "sim" a Deus em cada uma das dificuldades que enfrenta, até estar com Jesus ao pé da cruz; ou como os discípulos de Jesus, que deixam tudo e o seguem. Pode ocorrer ainda uma identificação com a própria pessoa de Jesus, que cura, prega e consola a todos, especialmente aos pobres e pecadores como nós. Além disso, quem se identifica costuma também se projetar no futuro dentro da vocação que admira. E assim pode se imaginar fazendo o mesmo ou algo parecido com o que fazem as pessoas que observa e admira, pensando que enfrentaria as dificuldades que surgissem.

---

agradando-me ouvi-la falar tão bem de Deus. Ela era muito discreta e virtuosa [...]. Essa boa companhia foi dissipando os hábitos que a má tinha criado e elevando o meu pensamento no desejo das coisas eternas, e reduzindo um pouco a imensa aversão que sentia por ser monja": TERESA DE JESUS, *Livro da Vida*, 3,1.

5. Viver a vocação

A vocação, que é um chamado, *pede uma resposta* e um mover-se, como fez a Virgem depois da Anunciação, que se apressou a visitar e a cuidar de sua prima Isabel. Assim, é possível responder a um chamado de Deus desde o momento em que sentimos o chamado, muito antes de decidir entrar em uma instituição religiosa.

Dessa forma, a primeira resposta a uma vocação é aceitá-la. Compreender que Deus pode nos pedir muito, porque nos deu mais, e acreditar que esse chamado pessoal pode ser verdadeiro. A primeira resposta à vocação *é pensar que, sim, é possível*, e, com isso, dispormo-nos a, se ele o quiser, tentar colaborar da melhor maneira possível com a sua vontade. Responder à vocação, portanto, significa querê-la, desejá-la, aceitar que Deus quer o que é bom para nós e que cada um de nós pode fazer algo por ele. Essa atitude pode demorar para surgir, mas também pode ocorrer rapidamente, pois ainda não implica uma resposta concreta ou uma mudança total de vida. Também "Maria guardava e meditava sobre tudo em seu interior" (Lc 2,19), e ela não se dispersava, abrindo seu coração para a vizinhança. A primeira resposta à vocação, portanto, pede o silêncio dentro de nós mesmos, para que as moções de Deus ocupem um lugar onde possam ser discernidas, compreendidas e apreciadas.

Também respondemos à vocação quando procuramos conhecê-la melhor, quando procuramos entendê-la, estudá-la, saber melhor o que é o sacerdócio, ou o que significa uma vida em comum, ou por que são feitos os votos religiosos. Podemos fazer isso perguntando a quem tem e vive essa vocação e fazendo leituras que nos expliquem esse tipo de vida. Muito apropriado para isso é o diálogo com a pessoa que nos acompanha espiritualmente, que pode nos informar e nos indicar alguns livros. Mas também, como dissemos, pode ser muito valioso o testemunho existencial de quem vive a sua vocação, tratando com essas pessoas e observando como vivem e trabalham.

O convívio próximo a elas, ajudá-las em algum de seus projetos, passar um tempo de experiência em uma comunidade ou seminário... pode ser uma forma direta de perceber detalhes de uma vida religiosa que às vezes é mais simples de compreender que aquilo que nossos medos imaginam.

Entretanto, quando sentimos ou intuímos o chamado de Deus, esse chamado exige que pessoas sensatas respondam de maneira mais interior, deixando que esse chamado as mude por dentro. *Deixar-se mudar pelo chamado* é praticar alguns aspectos dele. Se antes aludimos à identificação, aqui podemos falar de imitação. Imitar a vida a que somos chamados é, antes de tudo, praticar a vida cristã, insistindo em seus aspectos mais fundamentais, que são o encontro com Deus e o amor ao próximo. Por isso, é também um sinal vocacional começar a cumprir um pouco do que a vocação pede, praticar de alguma forma esse estilo de vida. A vocação não é um chamado de fora, mas um chamado a mudar a si mesmo, tanto ou mais do que fazer uma coisa ou outra. A maior dificuldade da vocação, como repetem aqueles que a vivem, não é tanto as adversidades ou o cansaço das tarefas, mas a luta contra si mesmo. Por isso, pode-se começar a viver a própria vocação muito antes de entrar no seminário ou no noviciado. O chamado pode começar a ser praticado desde o momento do convite de Deus, antes de comunicar a qualquer pessoa a grande boa-nova de nossa vocação.

Deixar-se mudar pela própria vocação não é fazer nada de extraordinário, mas consiste em manter-se escutando aquele que chamou e chama sempre. Praticar a vocação, portanto, requer *fazer silêncio*, deixar espaço aos sentimentos que temos e que Deus suscita, às moções que experimentamos, deixando-nos mover em uma ou outra direção, fazendo isso ou aquilo. Mas quem não escuta não pode entender, e quem não silencia o barulho não pode ouvir. Por isso, é necessário o silêncio para que a vocação se confirme, o chamado se repita e se manifeste da maneira que Deus quer mostrá-lo.

Um silêncio que se torna não só reflexão pessoal, mas também escuta atenta de Deus, leitura da Palavra em que ele se manifesta, diálogo sincero com quem quer ser amigo e não rival. Trata-se de buscar uma *oração clara e simples*, orientada e discernida com o acompanhante espiritual, que abra a nossa vida a Deus e à nossa autenticidade. Essa oração acalma nossas especulações temerosas e nos liberta da influência de "o que eles vão dizer", da incerteza e da ansiedade.

Junto com a oração pessoal, outra forma de responder a Deus é praticar pessoalmente, e com consciência do que fazemos, os sacramentos da Igreja, especialmente a Eucaristia. Nela, escutamos a Palavra de Deus e nos unimos à entrega de Cristo ao Pai. A Eucaristia nos reconcilia, ilumina, anima e alimenta a nossa busca vocacional e o nosso seguimento cristão. Nela, encontramos clareza para o nosso discernimento, força para o nosso desânimo e diversas formas de responder ao Deus que nos amou primeiro.

Praticar a vocação torna-se, assim, um modo de discerni-la. Se acolhemos e vivemos a nossa vocação, sabemos o que nela se vive e a força de atração que tem sobre nós. E podemos praticar essa vida entregue a Deus de diversas maneiras, a partir do viver para ele e não para nós, tentando viver como Jesus viveu em suas dimensões mais humanas e existenciais. Uma delas é buscar imitar a *castidade* que ele viveu, tendo com o nosso corpo e com as outras pessoas a relação que Jesus mantinha. Ter gestos para ordenar nossa sexualidade e nossas relações com a ajuda de Deus é uma das formas de responder a esse chamado sincero, e, ao mesmo tempo, um sinal de que esse chamado pode nos mudar aos poucos.

Algo semelhante acontece com a *pobreza*, pois quem segue o Jesus pobre não precisa de nada, mas somente dele. Porque muitas vezes as coisas se tornam símbolos de segurança ou permanência, e essa segurança queremos ter somente em Deus. Assim, quem quiser ser pobre pelo Reino dos Céus pode provar, em pequenos gestos de pobreza, a diferença entre viver com todos as seguranças ou sem elas, entre sempre ter aprovação social ou descobrir a liberdade de não precisar dela, entre satisfazer todos os seus caprichos ou abrir mão de algum deles por austeridade, solidariedade ou liberdade pessoal. Nessas duas áreas (castidade e pobreza), pode-se praticar pouco a pouco, por meio de pequenos e significativos passos, algumas renúncias e alguns esforços que mostrarão a medida da nossa generosidade e a confirmação (ou não) da nossa vontade de viver como pessoas consagradas.

A vocação também se mostra praticando alguns aspectos da possível missão futura que o chamado de Deus comporta. Basta deixar-se levar pela vocação (pelo chamado) para que o nosso olhar se fixe nos outros e nos dirijamos a alguns deles para lhes prestar qualquer serviço simples, assumindo *alguns compromissos* com certa fidelidade. Fazer essas coisas (como ministrar a catequese, assumir um voluntariado, visitar doentes ou idosos, colaborar em algumas aulas de apoio escolar ou em um projeto com imigrantes) nos ajuda a dedicar alguma parte do nosso tempo a coisas concretas. Ajuda-nos a ver por que queremos fazê-lo e como suportamos as adversidades que surgem em nosso caminho. Essas iniciativas também despertam a nossa criatividade para o bem.

Existem muitas outras formas de responder à vocação. Em todo caso, parece que sem acolhê-la e exercitá-la não é possível aceitar o chamado ou verificar e confirmar o convite de Deus. O Senhor inspira diferentes maneiras de segui-lo a diversas pessoas, e praticar a docilidade ao Espírito que se manifesta na Igreja, no acompanhamento e no próprio coração, iluminará a pessoa que honestamente procura conhecer e cumprir a vontade de Deus para ela.

Resistências e decisão

Na descoberta e aceitação de uma vocação de Deus, especialmente uma tão especial como a da vida consagrada ou do sacerdócio, inevitavelmente há *resistências que vêm de fora de nós*. Costuma acontecer que algumas pessoas a entendem bem e a aprovam, enquanto outras não entendem nada e tentam nos dissuadir por vários meios. Essas resistências sempre entristecem um pouco quem experimenta uma vocação, pois a vive com alegria. Como é que as pessoas que nos amam se opõem tão fortemente à vocação? Isso pode acontecer, às vezes, no seio da própria família, tornando-se realidade aquela palavra de Jesus: que não veio trazer a paz, mas a divisão (cf. Lc 12,51-53; Mt 10,34-36). Essas oposições externas costumam ser acompanhadas de argumentos racionais (por exemplo: "também se pode servir a Deus no mundo como um leigo"), de conjecturas sobre o futuro ("como você seria feliz estudando tal profissão e tendo uma família!"...), de pressões afetivas ("se entrar no seminário, você dará um grande desgosto à sua mãe")...

No entanto, as pressões externas não são as mais insidiosas. A sua força, por vezes, consiste precisamente em colocar nas palavras dos outros as *resistências que sentimos dentro de nós*. Bem, o normal é que essas também ocorram. O velho, como diz São Paulo, resiste à sua transformação, e dentro de nós lutam as tendências da carne e as forças do Espírito (cf. Rm 8; Gl 5,16-25). Mas as lutas que acontecem dentro de nós, quando sentimos uma vocação de Deus, não são nada particularmente novas, pois reproduzem a luta espiritual de cada cristão, a tensão que todos sentimos quando temos dois caminhos diferentes diante da nossa liberdade. O caminho de uma alegria imediata ou de felicidade permanente; o caminho da simples realização de nossos próprios planos e projetos ou o da plena autenticidade humana nas mãos de quem nos chama para sair de nós mesmos.

E nessa luta as *quedas* são inevitáveis. Nem sempre somos fiéis à nossa plena condição humana ou ao nosso projeto cristão. Nem sempre somos pessoas sãs; nem sempre nos comportamos como cristãos consistentes. Portanto, reconhecer o erro, aceitar a culpa, confessar o pecado e deixar-se reconciliar por Deus faz parte da verdadeira resposta à vocação, pois Deus chama os pecadores e não os justos (cf. Mt 9,13). Assim, arrepender-se por amor e com humildade, e não simplesmente magoar-se por causa do nosso narcisismo ferido, será uma forma de vivermos reconciliados com aquele que nos chama continuamente a continuar caminhando. Essa perseverança durante a tentação e a desolação resultará em paz, consolo, esforço e esperança. E quem sente assim confirmada a sua vocação não desanima com os seus fracassos, porque não é a sua força, mas a de Deus, que torna possível esse pequeno milagre que é o início de uma vocação. O fim do discernimento é normalmente marcado pela decisão de quem sentiu o chamado, confirmou a sua vocação, começou a vivê-la de alguma forma e quer comprometer-se humildemente no caminho já percorrido. Como temos dito, a presença de outra pessoa que acompanhe o processo, que aconselhe e ajude a discernir, pode ajudar muito nos diversos momentos da preparação da decisão. Mas, em última análise, o que é definitivo é a resposta pessoal de quem se vê confirmado de fora pelos sinais vocacionais[9] e decide, com base em sua liberdade, comprometer-se na Igreja com aquela vocação particular em um caminho concreto.

6. Quando fazer um discernimento vocacional

Até agora indicamos alguns sinais de uma vocação. Acrescentaremos algumas palavras abaixo sobre diferentes momentos em que pode ser necessário fazer esse discernimento vocacional. A escolha vocacional pode ser abordada em três momentos principais da vida: como uma ideia ocasional na juventude, como uma escolha vocacional que se deseja fazer por meio de um discernimento acompanhado,

---

9. Embora a Igreja possa confirmar a idoneidade vocacional, somente a pessoa chamada pode aceitar e realizar a vocação de Deus. Nem o próprio Jesus quer forçar essa liberdade (cf. Mc 10,21-23).

ou em uma crise de uma pessoa que escolheu essa vocação anos atrás. Se nos encontrarmos em alguma dessas situações, podemos pedir ajuda no acompanhamento espiritual para perceber o que está acontecendo conosco. O mais comum é que nosso acompanhante possa nos ajudar um pouco[10], embora às vezes o tema não seja muito fácil de propor ou esclarecer.

A primeira situação é a do *início de uma vocação*, independentemente da idade da pessoa[11]. É difícil falar quando a vocação parece surgir ou insinuar-se, porque nos parece mais cômodo não se fazer essa pergunta e deixar que a vida decida por nós. Muitas pessoas que sentem algum tipo de inquietude vocacional não querem pensar sobre ela, muito menos falar sobre ela com outra pessoa, pois isso parece complicar sua vida e seus projetos, pois implica renúncias. Por medo indefinido, por resistência concreta, por falta de generosidade ou vergonha, o fato é que esse é um assunto nem sempre fácil de comunicar.

Mas também é verdade que outras pessoas que sentem essas mesmas inquietações se permitem fazer tais perguntas sobre o destino de suas vidas e vão pedir ajuda. Essa questão pode ser levantada já na adolescência, quando a pessoa ainda não pode realmente fazer o verdadeiro compromisso de seguir tal vocação; porém, falar dessa preocupação tão cedo é uma forma de levar a vida a sério e estar aberto para futuras confirmações, ou não, do chamado. Existe a possibilidade de fazer parte de um grupo de jovens, de frequentar uma catequese de crisma, de participar de um movimento cristão ou de uma associação, bem como manter um diálogo esporádico com

---

10. A orientação espiritual é muito necessária no discernimento e na formação religiosa, conforme: Concílio Vaticano II, *Presbyterorum Ordinis*, n. 11; *Optatam Totius*, n. 3 e 8; *Perfectae Caritatis*, n. 18.

11. Teresa de Jesus experimentou diversas formas de chamado vocacional na infância e na juventude (ser mártir, eremita, religiosa com a amiga ou por medo etc.): *Livro da Vida*, 1,5-6; 3,1-2; 3,5-6; 4,1.

um acompanhante espiritual que ofereça algumas orientações para seu crescimento.

Contudo, mais cedo ou mais tarde, pode surgir uma segunda situação, que é a *necessidade de uma eleição vocacional* propriamente dita, se os chamados anteriores foram sentidos ou se a questão surge com novidade e força na juventude. Muitas vezes não se trata de uma questão teórica, mas de um sentimento forte, de uma pergunta existencial, de certa inclinação a se entregar totalmente a Deus, sem saber muito bem como. Deus nos ama primeiro, como dissemos, e algumas pessoas sentem esse amor tão fortemente que não podem escapar de uma resposta completa. A ocasião pode ser uma mudança de nível acadêmico (no final do bacharelado, no final de um período de formação, no final de um curso universitário...). Outras vezes a questão surge, pelo contrário, quando tínhamos feito outros projetos. Ela surge, sem ter sido prevista, no meio de um curso universitário ou quando iniciamos um trabalho profissionalmente satisfatório, embora vitalmente não correspondesse a todas as nossas expectativas.

Nesses casos, também pode ser difícil enfrentar a questão vocacional com a ajuda de outra pessoa, porque tememos que nosso acompanhante espiritual nos pressione a adotar uma solução sem realmente nos deixar decidir. Tememos que a decisão esteja mais clara para ele do que para nós mesmos ou que tenha pressa para que demos a resposta que ele considera adequada. Em outros casos, a resistência pode vir de pensar que o acompanhante não dará importância aos nossos sentimentos, ou que não nos verá qualificados para tal vocação, pois nós mesmos também duvidamos de nossa capacidade de responder adequadamente.

Na maioria dos casos, o discernimento vocacional tem uma primeira fase individual, uma segunda fase de diálogo e uma terceira fase institucional. A fase individual é o momento de sentir interiormente, de acolher as perguntas, de me abrir à possibilidade de que

Deus tenha algo a dizer à minha vida, de acolhida da sua Palavra. É também o momento de experimentar diferentes respostas, como indicamos acima. A segunda fase, de diálogo com outra pessoa, tenta esclarecer o chamado sentido no fundo do coração, por meio do reconhecimento dos próprios sentimentos, do discernimento deles, do pedido de orientação para seguir em frente. Essa fase deve durar certo tempo, por mais claros que sejam os sinais, pois Deus não tem pressa e dá a cada pessoa o tempo necessário para confirmar que o chamado tem fundamento. No final dessa fase, uma primeira decisão pode ser tomada, como, por exemplo, institucionalizar a vocação sentida e colocar-se nas mãos das mediações da Igreja: seminário, noviciado etc. É então que começa a fase institucional, que pode passar por diferentes momentos, até que a vocação esteja totalmente adaptada ao processo formativo.

Como podemos ver, um acompanhante espiritual facilita a exploração da vocação sentida e pode propor alguns comportamentos vocacionais iniciais que nos ajudam a verificar esse chamado, a responder de alguma forma a ele, a nos situar no exercício de nossa resposta alegre.

Dissemos que pode haver um terceiro tipo de situação para um discernimento desse tipo, que é a crise vocacional. Ela geralmente exige uma abordagem um pouco mais complexa do que podemos indicar aqui, embora vários elementos mencionados acima possam ser úteis. De fato, há pessoas que iniciaram seu caminho vocacional há anos (com as dúvidas e confirmações típicas de qualquer processo vocacional) e que, após anos de uma vocação mais ou menos tranquila, entram em uma fase de dúvidas ou agitações, sejam quais forem as circunstâncias. Às vezes, a ocasião é uma mudança de atividade ou local de trabalho. Outras vezes pode ser um conflito com a instituição ou com a comunidade. Em outros casos, uma dificuldade específica pode estar envolvida em qualquer um dos votos (geralmente obediência ou castidade). Eventualmente, pode ser uma reivindicação externa que atrai mais fortemente do que a vocação assumida.

Existem muitas razões pelas quais qualquer vocação cristã (bem como qualquer compromisso leigo) pode vacilar. Pois bem, buscar o acompanhamento espiritual ao sentir os primeiros sintomas de tais dificuldades pode ser uma forma de encarar a situação com seriedade, com algum confronto que ajude a objetivar de fora e com seriedade para com Deus. Deixar de enfrentar essas questões com a ajuda de outra pessoa geralmente leva a subjetivar as perspectivas e a tomar uma decisão menos ponderada e contrastada.

O discernimento em assuntos em que se está muito envolvido não pode ser feito a sós, pois não há distância suficiente do objeto que se discerne para vê-lo com clareza, e há um envolvimento afetivo (amor, rejeição, desânimo, atração...) que nos torna maus juízes em causa própria. Por isso, também não é conveniente tomar decisões rapidamente, pois o momento da crise não é o mais adequado para mudar decisões anteriores bem pensadas[12].

Em todo caso, já sabemos que o acompanhamento espiritual não é uma panaceia para resolver todos os problemas ou a solução certa para todas as incertezas; ao contrário, é apenas uma ajuda parcial e limitada. Mas toda a tradição espiritual afirma e ensina que é mais seguro decidir sobre o chamado de Deus com essa ajuda do que tomar a decisão sem mais critérios do que o próprio parecer e sentir.

---

12. "Em tempo de desolação, nunca faça uma mudança, mas seja firme e constante nos propósitos e determinação em que estava no dia anterior a tal desolação, ou na determinação em que estava na consolação anterior": INÁCIO DE LOYOLA, *Exercícios Espirituais*, n. 318.

IV
Como falar: o desenvolvimento do encontro

O diálogo franco e a conversa confiante são os materiais com os quais se constrói a ajuda espiritual no acompanhamento, de modo que tanto a exposição dos problemas como seu discernimento entre os dois interlocutores requerem essa comunicação livre e transparente. Se nos capítulos anteriores indicamos quais podem ser os temas da conversa em um acompanhamento espiritual, neste capítulo vamos nos referir à maneira de falar sobre esses temas.

1. Dificuldades no encontro

Em primeiro lugar, referimo-nos a algumas dificuldades que podemos experimentar no diálogo espiritual, embora a principal, sem dúvida, seja não ter nenhum acompanhamento, não usar esse instrumento tão comprovado e valioso em nenhum momento da vida. Por muitas dificuldades que possam surgir no acompanhamento espiritual, que não costumam ser excessivas, há mais inconvenientes em não utilizar esse recurso que a tradição da Igreja sempre utilizou e ofereceu a todo o povo de Deus para seu crescimento cristão. No entanto, podemos experimentar como problemáticas algumas situações de acompanhamento espiritual que resumimos a seguir.

A incerteza

Há uma primeira dificuldade que pode ser formulada como a *incerteza* diante de ter um acompanhante. Você pode sentir certo desconforto pela novidade quando inicia algo que não sabe muito bem como funciona; quando inicia um relacionamento em que não sabe o suficiente sobre o papel que deve desempenhar. As perguntas podem referir-se a aspectos substantivos do acompanhamento ou a questões mais específicas e até anedóticas. Quanto tempo duram os encontros? Quantas vezes nos veremos? O que eu tenho que falar? Será que o que eu digo vai lhe interessar? Não vai ficar entediado com minhas histórias? Serei capaz de confiar nessa pessoa que terei à minha frente? Devo dizer tudo o que penso?...

Outras vezes podemos ter a sensação de estar fazendo algo especial, algo que outras pessoas não fazem e que não é totalmente comum, pois só almas muito delicadas – ou muito presunçosas – costumam ter acompanhamento espiritual. Podemos presumir que os outros nos veem como pretensiosos, elitistas espirituais... ou como um pouco antiquados. Essa sensação costuma ser experimentada como se estivéssemos diante do olhar implacável e da opinião alheia. O que *os outros vão pensar* desse meu acompanhamento? Eles vão aprovar? Será que considerarão como algo bom?

Essa opinião pode ser sentida como uma pressão mais forte, por exemplo, quando uma pessoa mais significativa em nosso meio não aprova que mantenhamos tal acompanhamento. Acontece com qualquer jovem que, mesmo sendo maior de idade, sabe que seus pais não querem que ele tenha encontros de acompanhamento com um padre de sua paróquia, por medo de que lhe inculque ideias das quais não gostem; ou quando um jovem um tanto ciumento não quer que sua namorada partilhe seus assuntos pessoais com outra pessoa que não seja ele, nem mesmo com uma mulher consagrada; ou quando uma mulher casada não quer que seu marido fale sobre seu casamento com outra pessoa; ou o marido não quer que sua esposa fale com um padre sobre sua vida pessoal e familiar. Nestes e em outros casos semelhantes, a pressão psicológica dessas pessoas significativas pode ser muito forte sobre quem deseja ter um acompanhamento espiritual em paz.

Em alguns desses casos, pressões externas podem se juntar a *dúvidas internas* e, então, a incerteza pode aumentar. Porque às vezes, seja no início ou no meio do nosso acompanhamento espiritual, não temos vontade nenhuma de ir ao encontro marcado, seja por que motivo for. Eventualmente, a dificuldade ou resistência vem de nós mesmos, embora nem sempre saibamos como formulá-la adequadamente. Contudo, não seria uma boa solução enviar uma mensagem telefônica para apresentar um pedido de desculpas incerto, mas sim aceitar modestamente nossa relutância, perguntar-nos por que temos tal reação e ir ao encontro como um exercício de disciplina pessoal e uma busca honesta da verdade. Em todo caso, qualquer uma dessas dificuldades pode ser real, e, sem tentar resolvê-las, apenas indicamos aqui que reconhecer e formular os problemas que sentimos, nessas e em outras situações, já é encontrar metade da sua solução.

O silêncio

Para algumas pessoas, outra dificuldade no acompanhamento espiritual é o próprio silêncio, pois, quando vamos para o encontro de acompanhamento, as palavras nem sempre fluem facilmente. É verdade que procuramos alguém para nos acompanhar e que estamos dispostos a falar; porém, em algumas ocasiões, é difícil dizer algo que aconteceu e preferimos nos calar, ou não sabemos o que está acontecendo conosco, ou estamos desanimados e não muito lúcidos, ou simplesmente as palavras certas não vêm facilmente. Isso representa uma dificuldade para o diálogo no acompanhamento, sem dúvida.

Em primeiro lugar, deve-se afirmar que, quando somos acompanhados espiritualmente, também temos pleno *direito* de ficar calados em determinado momento; direito de não dizer tudo o que pensamos, até mesmo de não terminar uma frase que iniciamos. O silêncio pode ser, e assim deve ser entendido, como um ato de liberdade, uma forma de expressão interrompida, certa maneira de manejar as palavras. E sempre será melhor do que distorcer a verdade das coisas. Trata-se de um ato de honestidade, porque calar não é mentir. O silêncio é, paradoxalmente, uma forma de comunicação, pois deixa espaço para outras palavras e permite uma mudança de rumo em nossa conversa.

Na verdade, o silêncio que introduzimos pode realmente criar uma dificuldade para o acompanhamento, por isso é útil examinar por que, em determinado momento, preferimos ficar em silêncio. Os motivos do silêncio no encontro de acompanhamento podem ser vários. Uma razão para tal silêncio pode ser que julgamos que o que pretendíamos dizer seja de *pouca importância*, "um absurdo". É verdade que, no acompanhamento espiritual, costumamos falar de pequenas coisas, de curiosidades do dia a dia, de situações que não mudam em nada a vida dos que nos rodeiam, nem a nossa. E, às vezes, podemos julgar que algumas coisas irrelevantes não devem ser ditas em nossa conversa. Também podemos pensar que somos desinteressantes e considerar que o que dizemos (sobre o desconforto de uma relação, o desconforto no nosso trabalho, a preguiça que nos domina ou a impotência perante alguns desafios) são coisas menores e nada interessantes para quem nos escuta.

Mas também acontece que, por meio de pequenas coisas, se mostra o significado profundo de outras mais importantes. Lembremos que uma viúva idosa ofereceu algumas moedinhas de esmola no

Templo de Jerusalém e ninguém lhe deu atenção, mas Jesus considerou aquilo muito valioso (cf. Lc 21,1-4). Por isso, o significado das pequenas coisas pode ser muito relevante; então, nosso acompanhante apreciará a comunicação dessas pequenas coisas, especialmente quando são muito pessoais, quando nos envolvem afetivamente, porque são significativas para nós. É que a vida cristã transcorre muitas vezes no simples e no cotidiano: no carregar a cruz de cada dia, pedir o pão de cada dia, animar-se cada dia em comunidade e manter-se cada dia com sua pequena dose de cuidado[1], sem pretender ou esperar grandes coisas.

Outra razão pela qual ficamos calados no encontro pode ser porque julgamos que, o que íamos dizer, parece *pouco adequado* e poderia ofender nosso acompanhante, seja porque nossas expressões saem com certa agressividade ou parecem exageradas e desproporcionais, seja porque a história que pensávamos contar não é muito agradável ou edificante. No entanto, se considerarmos que a maioria dos acompanhantes não se assustará facilmente com os nossos modos expressivos nem com as histórias que lhes contamos, por mais sombrias que sejam, talvez reconheçamos outra motivação subjacente ao nosso silêncio: calamos sobre algo porque dizê-lo nos deixaria em uma posição ruim e mancharia nossa imagem perante aqueles que nos ouvem. E é certo que, no acompanhamento, estamos sempre diante dos olhos de outra pessoa, por isso nossa imagem sempre pode ser ameaçada pelo que dizemos ou fazemos. Na verdade, nosso acompanhante pode mudar de opinião sobre nós quando dizemos algo que não nos deixa em uma boa situação, quando mostramos fraqueza, expomos um problema ou nos referimos a qualquer aspecto negativo de nossa pessoa. Nossas confidências, portanto, ameaçam um pouco nossa imagem pessoal.

---

1. "Não se preocupe com o dia de amanhã, mas com os cuidados de cada dia" (Mt 6,34).

Portanto, podemos examinar se o que silenciamos "ofende" nosso acompanhante ou simplesmente nos coloca em maus lençóis. Esta segunda possibilidade é bastante frequente e não parece ser um motivo tão nobre para o silêncio, embora ainda tenhamos o direito de mantê-lo. Mas como nosso acompanhante nos compreenderá bem se só contarmos a parte boa de nossas vidas, se só comunicarmos os aspectos razoáveis de nossa dor, a metade do que vivemos? Abdicar do direito ao silêncio é também, nesse sentido, uma oportunidade de provar a nossa sinceridade e o nosso desejo de sermos ajudados; uma oportunidade de tomarmos a humilde decisão de nos expormos com mais franqueza.

Pode haver outras razões para o nosso silêncio. Uma muito importante, e que parece ser relevante, é que nossa narração pode *deixar outras pessoas em má situação*, ao se referir a assuntos pouco nobres em que outras pessoas estão envolvidas. Por exemplo, quando uma criança fala sobre uma situação familiar em que um dos pais aparece com atitudes negativas; quando um dos cônjuges culpa o outro por uma situação conjugal difícil; ou quando comentamos uma injustiça cometida contra nós por certas pessoas no trabalho, na atividade pastoral ou em nossa comunidade. De fato, muitas vezes existem outras pessoas envolvidas em nossas histórias e tribulações, e nosso julgamento negativo sobre elas pode ser pouco ponderado ou altamente condicionado por nossa emoção naquele momento. E não queremos condicionar a opinião do nosso acompanhante, que às vezes conhece essas pessoas. Sendo assim, ficar calado nesse tipo de situação parece, em muitos aspectos, bastante razoável e caridoso.

Mas a isso se poderia acrescentar outra consideração, pois o acompanhante espiritual é obrigado a guardar segredo de tudo o que ouve e presumivelmente nunca fará uso dessa informação, pois seria uma falta de discrição tremendamente grave. Além disso, o acompanhante sabe que está apenas ouvindo a narração da pessoa que acompanha. Propriamente, um bom orientador espiritual não faz um julgamento sobre outras pessoas baseado apenas no testemunho do que ouve, mas com isso forma apenas uma opinião sobre a pessoa que acompanha. As outras pessoas que aparecem na narração não são objeto direto de seu interesse, mas sim indiretamente, na medida em que condicionam a experiência existencial (e espiritual) da pessoa que orienta, embora ouça algumas informações e avaliações sobre elas feitas pela pessoa que orienta.

Contudo, por outro lado, as circunstâncias e as pessoas que nos cercam são muito importantes para entender bem nossa vida e nossas reações, de modo que, sem esses dados, às vezes o acompanhante não entenderá bem nossa situação. Por isso, parece importante falar de todas essas circunstâncias e pessoas envolvidas em nossas vidas, mesmo que seja sempre acrescentando uma fórmula que indique a subjetividade de nossas falas, como: "É assim que eu vejo". Além disso, muitas vezes há detalhes das pessoas e das circunstâncias que não são significativos para a narração no acompanhamento espiritual, e frequentemente há identidades de pessoas que não são relevantes para a compreensão de uma situação que está sendo comunicada. Assim, muitas vezes é possível falar com bastante detalhe sem revelar nomes nem identificar indivíduos específicos. Desse modo, em tudo isso, a prudência orientará a pessoa acompanhada sobre o que falar ou calar, e, acima de tudo, a confiabilidade do acompanhante e a segurança da sua discrição permitirão à pessoa acompanhada agir livremente. Enfim, todas essas dificuldades ou considerações internas também podem ser discutidas, indicando nosso conflito ao acompanhante desta forma: "Tenho dificuldade de falar dessa situação", ou "Tenho vergonha de falar dessa história, daquela época", ou "Não acho prudente falar de pessoas"... Assim encontrarão, entre si, a maneira mais adequada.

Falar demais

Se o silêncio pode se tornar uma dificuldade de comunicação, outro problema no diálogo de acompanhamento pode ser falar demais ou, em sentido mais exato, falar sem dizer coisas significativas. E existem diversas formas de tornar nossa comunicação irrelevante, mesmo que seja verbalmente muito fluida. Nossa comunicação não é muito útil quando há grande *dispersão* no que dizemos. Quando falamos de coisas diferentes sem qualquer ligação entre as diferentes experiências. Quando a abundância de dados nos impede de captar o cerne do que está sendo comunicado. Essa profusão verbal pode ter ligação com certa dispersão da nossa mente, devido a uma excitação momentânea, a alguma ansiedade mais profunda ou à nossa forma habitual de ser.

As situações, em qualquer caso, podem ser muito diversas. Pode acontecer que cada experiência narrada tenha conteúdo para ser objeto de uma conversa, mas o acúmulo de diferentes informações impossibilita saber qual é a importante, a que naquele momento mais afeta, qual a que naquele momento tem mais importância. Por exemplo, se um jovem estudante fala de maneira seguida sobre uma discussão em casa, uma reprovação em um exame, uma briga com a namorada e dificuldades na oração, talvez esteja um pouco ansioso naquele dia, e as coisas não tenham dado muito certo para ele ultimamente. Contudo, sua comunicação não é fácil de seguir: qual é a peça que falta no quebra-cabeça, qual é o melhor ponto de partida, o que mais dói, o que é central em sua vida hoje?

Outras vezes não é a dispersão que dificulta o diálogo espiritual, mas a *falta de profundidade*. Quem fala o faz profusamente, mas sem profundidade, sentimento ou implicação. É uma narração que não busca conexões entre uma situação e outra, que não entende o que está vivenciando, que não relaciona os fatos com os sentimentos que experimenta, que não encontra sentido nas coisas. Parece até que a vida consiste em uma sequência indefinida de situações e eventos justapostos. Mas essa leveza na comunicação não facilita muito o diálogo. Por que isso acontece? Essa aparente superficialidade pode ocorrer por diversos motivos: porque não captamos a densidade da vida, porque não sabemos compreender o sentido dos acontecimentos ou porque não nos deixamos questionar por nada. Por exemplo, uma moça fala das amigas com alguma amargura porque a criticaram em um momento particularmente difícil para ela, mas de imediato minimiza o conflito e desculpa as colegas, dizendo que já almoçaram juntas e que, na realidade, já está tudo esquecido. Assim, o acompanhante assume que o problema é mínimo. Se essa moça não explica qual foi a dificuldade, em que consistia sua dor com as críticas, como se reconciliaram e quão profunda é essa amizade, a narração dessa história é percebida como bastante inconsequente. Dizemos que é superficial porque parece que essa pessoa não se aprofunda em seus verdadeiros sentimentos (a dor, a amargura devido à crítica) nem no significado das coisas (a amizade, a reconciliação, a ameaça de solidão). Por isso, sua narração parece ter pouca profundidade. Talvez não entre no problema porque tenha pavor de pensar que suas amigas já não contam com ela.

Nessas e em outras situações semelhantes, por trás das muitas explicações pode haver uma intenção mais ou menos desconhecida pela pessoa, que é o desejo de *se esconder* por trás das muitas palavras; dizer muitas coisas para que a questão importante se dissolva entre elas, ou para não dizer o mais importante. A abundância de comunicação, nesse caso, mascara e esconde o problema; porém, com certeza, há outra forma de narrar essa situação com menos rapidez e, assim, captar melhor seu significado. É preciso lembrar que a profundidade das coisas não costuma ser encontrada na narração detalhada dos fatos, nem em longos raciocínios, mas no envolvimento afetivo do coração diante dos fatos rememorados.

Outra possível motivação pela qual podemos dizer muitas palavras de pouco significado é que nos tornamos *protagonistas* de nossa narrativa. O importante, nesse caso, não seria o conteúdo do que dizemos, mas sim que estamos falando de nós, e assim nos situamos gradativamente no primeiro plano da cena. Falamos para que nos notem, prestem atenção em nós, nos ouçam e nos atendam; talvez para deslumbrar um pouco. Não estamos tão interessados no que dizemos, mas sim em parecer bons. Nós gostamos de aparecer. Essa forma de falar também dificulta o diálogo de acompanhamento, porque seu objetivo não deve ser chamar a atenção, mas buscar a verdade sobre nossas vidas, entender melhor o que vivemos, as motivações, as ações que empreendemos, a vida que entregamos a Deus e aos outros.

Dificuldades de relacionamento

Um último grupo de dificuldades no encontro de acompanhamento espiritual pode ser devido ao relacionamento em si, se o trato com nosso acompanhante se torna de alguma forma problemático. Isso pode acontecer devido a diferentes circunstâncias, e uma delas porque nosso acompanhante *fala muito pouco* para o nosso gosto, de modo que sua parcimônia ou seus silêncios nos incomodam. Gostaríamos que ele tivesse mais iniciativa.

As explicações para essa forma parcimoniosa de conduzir o encontro podem ser várias. Por exemplo, ele fala pouco porque quer nos deixar a iniciativa de falar, de colocar as questões. Talvez ele ainda não tenha uma visão completa da situação e prefira ouvir um pouco mais antes de dar sugestões ou orientações. Também pode acontecer que ele nos deixe falar porque, quando a pessoa acompanhada fala profundamente, aos poucos encontra um sentido, por si mesma, para o que lhe acontece; e o que descobre por si mesma é melhor do que tudo o que o acompanhante possa lhe explicar. Ou porque bastam algumas palavras, uma vez que, na antiga tradição dos monges do deserto, muitos discípulos procuravam o seu mestre para que lhes dissesse apenas "uma palavra", um breve conselho, para depois eles o colocarem em prática por muito tempo. Dessa forma, o silêncio do acompanhante pode ser uma limitação em alguns casos, mas em outros pode significar uma oportunidade para acolher e praticar o que nos propõe. Talvez seja suficiente o que ele nos diz nesse momento de nossa caminhada.

Outro problema também pode vir do fato de o acompanhante *falar demais* e parecer não ouvir ou não parar de nos explicar muitas coisas ou de explicá-las muitas vezes. Essa situação pode nos aliviar às vezes, principalmente no começo, porque nos poupa de trabalhar por conta própria; porém, a longo prazo, é verdade que não parece ser de muita ajuda para a pessoa que pode e quer falar de si e discernir por si mesma. O discurso do acompanhante é necessário para ensinar, formar ou sugerir, e às vezes é oportuna a instrução, seja ela espiritual, teológico-dogmática, moral ou simplesmente humana. Assim, um acompanhante pode fazer uso da palavra para explicar e inspirar um pouco de confiança, se nos vir deprimidos ou tristes, ou para nos dar tempo de intervir. Mas também é claro que em algumas ocasiões falar demais pode criar uma dificuldade no relacionamento, principalmente se for um discurso teórico, se ele não especificar bem o que propõe ou não ouvir o que queremos dizer.

No entanto, o relacionamento também pode se tornar difícil quando nós, como pessoas acompanhadas, temos *expectativas irrealistas* em relação ao relacionamento que iniciamos. Por exemplo, se acreditamos que o acompanhamento resolverá as coisas rapidamente, porque nos dará soluções claras para velhos problemas; quando, sem perceber, esperamos que a palavra sábia de outra pessoa nos poupe do esforço de trabalhar; ou quando esperamos tanto do acompanhante, e ele não atende a nossas expectativas. Portanto, é possível que a comunicação direta não seja fácil para nós se tivermos uma imagem errada, talvez idealizada, do acompanhante ou da própria relação que queremos estabelecer.

Na realidade, a relação com nosso acompanhante pode assumir muitas formas válidas. O importante é que *a relação esteja ordenada ao fim* a que nos propusemos, que é discernir e orientar-nos em nossa vida cristã. Por isso, parece normal que sintamos certa admiração pelo nosso acompanhante, porque ele pode nos ajudar; porém não seria apropriado sentir-se tão fascinado a ponto de impedir uma comunicação fluida e direta, típica de duas pessoas adultas que, juntas, buscam a verdade. Assim, a relação também deve garantir certa autonomia, no sentido de nos mostrarmos sempre como pessoas livres, responsáveis por decidir por nós mesmas. Seria contrário a esse equilíbrio na relação sentir certa necessidade ansiosa de sermos atendidos sempre que nos sentimos mal, bem como nos deixarmos levar pelo desejo de contatar essa pessoa a qualquer momento, seja por chamada de voz ou enviando mensagens. Além disso, dar pequenos presentes, talvez com a intenção de lhe ser agradável, prejudica a finalidade da relação.

Sinais desse tipo podem indicar, além da normal gentileza e gratidão para com quem cuida de nós, uma excessiva submissão, desaconselhável no acompanhamento espiritual. Ainda assim, às vezes é preciso alguma luta interna para atingir o equilíbrio certo entre dependência e independência. Por exemplo, Santa Teresa sentia grande afeição pelos confessores, a quem considerava virtuosos e equilibrados, porque se sentia muito ajudada, embora às vezes fossem bastante exigentes. Suas dúvidas quanto a essas relações acabaram sendo resolvidas com bastante segurança[2].

É verdade que um sentimento prolongado de *autonomia exagerada*, de independência um tanto selvagem, quase de rebeldia, também não ajuda a estabelecer uma boa relação de acompanhamento espiritual. Isso pode manifestar-se no fato de a pessoa chegar atrasada aos encontros marcados, no esquecimento mais ou menos

---

2. "Creio que é a eles que mais dedico amizade, pois sempre estimo muito os que me dirigem a alma. Eles, sendo tementes a Deus e servos Seus, receavam que eu me apegasse em demasia a eles, embora santamente, e mostravam desagrado". Mas, em outros momentos, "julgando haver apego, eu penso em deixar de lado esses relacionamentos": TERESA DE JESUS, *Livro da Vida*, 37,5 e 40,19.

voluntário de assuntos importantes, nos silêncios deliberados, na ênfase às diferenças. Todas essas manifestações, sejam de dependência ou de rebeldia, podem se manifestar em algum momento do acompanhamento e não são especialmente problemáticas quando temporárias e reconhecidas. Todavia, se forem vividas por muito tempo ou habitualmente, podem ser sintomas mais significativos. Por isso, é conveniente enfrentá-las, conversando a respeito delas com o acompanhante. Talvez alguma explicação ou solução subsequente seja encontrada. E, em alguns casos mais extremos, pode-se considerar se é mesmo conveniente encerrar o acompanhamento de forma amigável e procurar outro acompanhante, já que um relacionamento assim não é saudável.

Em suma, é preciso dizer que a maioria das pessoas não encontra nenhuma dificuldade especial no relacionamento com seu acompanhante, além dos momentos iniciais ou do esforço que sempre é necessário para se dar a conhecer. E talvez nos ajude a ter um bom relacionamento considerar, em certo sentido, a pessoa que nos acompanha como um profissional que realiza o seu trabalho com dedicação e sacrifício, com verdadeiro carinho e dedicação, porém sem deixar de ser uma pessoa humana normal, limitada em suas qualidades e deficiências, que tem sua vida privada e que às vezes pode também precisar da ajuda de outras pessoas, embora nos seja de grande ajuda durante uma etapa de nosso caminho espiritual.

Aludimos a diferentes tipos de dificuldades no encontro de acompanhamento espiritual, mas podem surgir outras. Geralmente, podemos encontrar uma solução para essas dificuldades por meio de um diálogo franco com o acompanhante, embora algumas delas possam aconselhar a interrupção do relacionamento com aquele acompanhante para encontrar outra pessoa. Mas outra forma de resolver muitas das dificuldades do acompanhamento consiste na adoção de atitudes positivas que favoreçam a comunicação no encontro, que propomos a seguir.

2. Atitudes do discípulo no acompanhamento

Nossa comunicação no diálogo espiritual pode ser grandemente facilitada se buscarmos fazê-lo com as disposições mais adequadas, de modo que fomentar essas atitudes é a melhor preparação para qualquer encontro de acompanhamento espiritual. Apontamos, de mãos dadas com nossa longa tradição espiritual, as atitudes do "discípulo" na orientação espiritual, que podem servir para hoje.

A primeira atitude prática é procurar um orientador espiritual, *procurar um acompanhante*. É o que faz quem deseja viver o Evangelho com mais seriedade. Na antiguidade, isso era um exercício de tomada de decisão, porque muitas vezes exigia que se partisse fisicamente para encontrar uma pessoa que talvez vivesse retirada na solidão e longe de qualquer lugar habitado. Era também um exercício de obediência, pois implicava o compromisso de colocar a própria vida nas mãos do mestre, obedecendo-lhe naquilo que ele sugerisse. Exigia um exercício de perseverança, porque os encontros eram esporádicos, e o discípulo voltava à própria vida para praticar o que tinha escutado. No entanto, ele retornava várias vezes ao mestre, até que esse lhe assegurasse que já podia enfrentar a vida espiritual sozinho.

Essa atitude de procurar um acompanhante implicava outra mais profunda, que era a de *buscar a Deus*. O discípulo procurava alguma coisa, queria seguir as moções de Deus com uma radicalidade que a vida comum dos cristãos não facilitava. Ele queria andar mais depressa ou mais seriamente. Havia, portanto, no discípulo um grande desejo, um anseio que, às vezes, não conseguia realizar, uma inquietação que não se resolvia com a sua oração particular ou com a meditação da Palavra. Um afã por compreender, crescer, caminhar, avançar, responder, segundo sua vocação particular. Dessa forma, a atitude de busca, e de fazê-lo com grande ânimo e generosidade[3], é extremamente valiosa para um discípulo.

---

3. INÁCIO DE LOYOLA, *Exercícios Espirituais*, n. 15.

Outra atitude do discípulo, que segue as anteriores, é ter consciência de que é o *responsável e protagonista* do acompanhamento espiritual e do encontro. Nós, como pessoas que se beneficiam do acompanhamento, somos aqueles que devemos nos propor a atingir determinados objetivos, a iniciar os temas da conversa. O acompanhante vai nos ajudar, vai comentar sobre as coisas que achar conveniente, vai responder as perguntas que lhe fazemos; porém a principal iniciativa no diálogo é de responsabilidade da pessoa acompanhada, que deve usar toda a sua liberdade e criatividade, pelo menos até que o seu acompanhante lhe diga o contrário.

A comunicação também é muito facilitada se o diálogo espiritual for acompanhado de uma atitude prévia de *abertura de consciência*, por meio da qual estejamos prontos para falar clara e sinceramente sobre o bem e o mal, dizendo tudo o que nos parece relevante para as questões de que tratamos. A "abertura" implica falar com os dados necessários, com explicações suficientes, com algumas circunstâncias que expliquem melhor os fatos; isso se verifica na melhor tradição espiritual[4]. Essa clareza se baseia em nossa vontade de sermos ajudados e, naturalmente, na confiança que o nosso acompanhante nos inspira, que se apoia na constatação do seu respeito por nós e na sua prudência, bem como na sua capacidade de guardar com discrição nossas confidências. É evidente que, sem a segurança que essa confiança nos dá, não falaríamos livremente de nós mesmos.

Contudo, essa nossa abertura implica basicamente uma boa dose de humildade pessoal, virtude cristã que agrada a Deus. Isso supõe saber-se e sentir-se pobre, ver-se necessitado de orientação em algumas questões espirituais, desejoso de ser ajudado, para a própria segurança espiritual. Não se trata de uma espécie de complexo

---

4. "Muitas vezes me disse o Senhor (e aqui não pode haver danos, mas muitos proveitos): não deixar de revelar o que vai na alma e as graças concebidas pelo Senhor ao confessor": TERESA DE JESUS, *Livro da Vida*, 26,3.

psíquico de humilhação, como se nos considerássemos piores que os outros ou incapazes de viver sem ajuda. Tampouco se trata de um sentimento de indignidade depressiva por nossas faltas ou por nossa história. É antes uma virtude sobrenatural que nos dá realismo cristão e capacidade de estabelecer uma relação de dependência diante de Deus e das suas mediações.

Outra qualidade para uma boa comunicação é a *simplicidade*, a simplicidade de intenção no que dizemos, a simplicidade de expressão que nos permite falar daquilo de que nos envergonhamos e também do que nos orgulhamos. É a simplicidade de quem fala de si para ser ajudado e não procura enfeitar-se mais nem diminuir-se, tampouco elevar-se ou rebaixar-se indevidamente; não formula mensagens duplas com suas palavras ou busca mais do que elas expressam. Uma simplicidade que pode se manifestar ao falar do positivo e do negativo, sem justificativas nem condenações prematuras. É saber se comunicar, se necessário, com as emoções do momento, incluindo o riso e o choro, a ansiedade e a alegria profunda, a esperança e a tristeza. É a simplicidade do Evangelho[5].

E outra qualidade que favorece a atitude do discípulo é a necessária discrição no sentir e no comunicar-se com os outros. O caminho cristão de transformação interior não faz barulho, não é vistoso nem tende a se exibir; acontece no interior da pessoa e é bastante silencioso[6]. Por isso, não é conveniente que outras pessoas ouçam nossas confidências, nossas devoções ou nosso desejo de mudança. Se Deus está nos transformando, algo será percebido pelas pessoas,

---

5. "Que a vossa palavra seja sim ou não" (cf. Mt 5,37). Ver também 2 Coríntios 1,17-19.
6. "Devendo-se evitar semelhantes emoções, procurando-se, com suavidade, recolher a alma e fazê-la calar-se": TERESA DE JESUS, *Livro da Vida*, 29,9. "Quando é o demônio que age, parece que todos os bens se escondem e fogem da alma, que fica desabrida e alvoroçada", e "a humildade que fica é falsa, agitada e desprovida de suavidade": *Livro da Vida*, 25,13.

sem a necessidade de proclamá-lo; porém, se mostramos demais nossa vida interior, talvez não seja Deus quem nos mova, mas nossa própria vanglória.

Para uma comunicação mais significativa

Outras atitudes, embora de ordem mais prática, também podem facilitar nossa comunicação espiritual no encontro de acompanhamento. Uma delas consiste em narrar os acontecimentos com certa *ordem*, ou seja, contá-los seguindo algum fio condutor, mostrando alguma relação entre eles, certa ligação lógica. Podemos seguir uma ordem de importância ou dificuldade, começando pelo que nos parece mais importante naquele momento ou pelo que nos é mais difícil de comunicar. Podemos também seguir uma ordem sistemática, para que possamos agrupar as coisas por tema, como oração, serviço, relacionamentos, projetos futuros; ou uma ordem cronológica, narrando um evento após o outro, e cada um em seu lugar.

A ordem cronológica pode facilitar a descoberta de causas e efeitos, antecedentes e consequências. Essas concatenações psicodinâmicas são muito úteis, porque tendem a se repetir com certa frequência. Por exemplo, a raiva pode ser precedida por uma frustração significativa e talvez seguida por alguma tristeza. Um gesto exibicionista pode ser seguido de satisfação, mas depois, talvez, de algum desconforto.

A conversa de acompanhamento é mais proveitosa quando falamos com alguma *concretude* na apresentação dos fatos, em vez de apresentar muitas ideias ou por meio de resumos gerais. De tal forma que não é o mesmo dizer: "Às vezes fico um pouco bravo" (o que não é falso) do que dizer: "Há dois dias eu gritei com minha mãe, porque o comentário dela sobre meu modo de me vestir me incomodou". Não é a mesma coisa dizer: "Às vezes é difícil para mim rezar" do que dizer: "Não rezo há um mês". É que os detalhes são muito esclarecedores e as concreções ajudam a objetivar as impressões gerais. Por isso, é conveniente falar menos de ideias do que de fatos precisos, e menos de pensamentos do que de sentimentos.

Os exemplos concretos da nossa vida têm o potencial de favorecer a memória das emoções associadas às situações narradas. Assim, ao contar o caso, voltamos a sentir o mesmo ânimo experimentado em uma conversa com um amigo ou o desânimo causado por uma tentativa fracassada. Ao reproduzir os detalhes de qualquer situação, podemos voltar a sentir ternura, alegria, compaixão, proximidade, segurança, ou também dureza, dor, rejeição, distância e medo. E essas emoções são um material precioso para o acompanhante nos ajudar a compreender o que aconteceu, a ver como Deus esteve presente naquela circunstância, ou como nos espera depois da provação.

Uma comunicação sobre qualquer assunto se torna mais útil quando é fruto de certa *análise* da nossa parte sobre o que comunicaremos. É verdade que o encontro de acompanhamento é uma ocasião adequada para ser espontâneo e discernir qualquer coisa; porém, o trabalho prévio que fazemos antes desse encontro pode ser de maior fruto para o nosso discernimento do que se deixarmos tudo para pensar no próprio encontro. Ou seja, embora nem todos os temas estejam bem elaborados, em nossa conversa podemos não só narrar descritivamente as questões, mas também contribuir com as reflexões que já fizemos. Por exemplo, podemos buscar a origem das coisas que nos preocupam, as causas de alguns acontecimentos ou de algumas decisões que tomamos, as motivações que parecem estar por trás de nossas opções. Também podemos considerar de alguma forma as consequências do que fazemos ou pensamos, os possíveis resultados da aplicação das moções que experimentamos, os efeitos que nossos comportamentos terão sobre os outros ou o que o Evangelho diz sobre tal assunto. Essa é uma forma de nos aprofundarmos nos fatos que narramos e não ficarmos na superficialidade.

Outra forma de aprofundar os temas de que tratamos e de favorecer o discernimento é avançar em nossa comunicação desde os acontecimentos ocorridos até à evocação dos *sentimentos* que tais acontecimentos produziram em nós. Por exemplo, qualquer falha em nossa vida pode nos causar certa vergonha, desânimo ou sentimento de inadequação. Portanto, falar desse fracasso e do sentimento associado comunica mais riqueza e profundidade do que a mera narração do que aconteceu. O mesmo acontece com qualquer situação que nos dê alegria, ânimo, alento para continuar ou força para empreender difíceis desafios. Nesses casos, o sentimento pode esclarecer muito o significado dos fatos, pois, como sabemos, o discernimento espiritual tem muito a ver com o reconhecimento das moções afetivas e de seu significado.

Aprofundamo-nos nos acontecimentos da nossa vida quando, para além de captar os sentimentos associados, procuramos também o *sentido* que possam ter. Por exemplo, o sentimento experimentado por um sucesso profissional ou pastoral pode ser de alegria ou satisfação, mas seu sentido para nós pode ser a evidência de nossa eficiência como especialistas ("eu me saio bem porque estou bem preparado"). Contudo, esse sentido pode ser também, em outro nível, o de um fruto que recebo com gratidão do único Deus que faz crescer todas as coisas (cf. 1Cor 3,6-7), pois, se é verdade que minha preparação contribuiu para um bom resultado, também é verdade que a mesma preparação outras vezes não produz nenhum efeito. Por isso, eu me sinto agradecido a Deus, que me deu algumas qualidades, que me permitiu uma preparação profissional e que está sempre por trás de tudo, dando o ser, sustentando a vida, provocando a resposta humana e produzindo todo fruto. É uma maneira de ver Deus em todas as coisas[7].

---

7. "Olhar como Deus habita nas criaturas: nos elementos, dando o ser, nas plantas, a vida vegetativa, nos animais, a vida sensitiva, nas pessoas, a vida intelectiva": INÁCIO DE LOYOLA, *Exercícios Espirituais*, n. 235.

Como vemos, o significado das coisas pode ser interpretado em diferentes níveis de leitura, por assim dizer, que geralmente não são incompatíveis. Existe um nível de bom senso; há outro que é despertado pela reação emocional; outro sentido pode ser fornecido pela análise racional; outro é o da opção ética e, outro, o do amor totalmente generoso e "louco". O cristão pode sempre levar em conta o Evangelho em sua interpretação das coisas e, assim, encontrar o sentido religioso e cristão da sua situação particular. Todas as coisas, embora requeiram um exame afetivo e racional, podem ter uma leitura de fé. Com isso, agora abordaremos o encontro de acompanhamento espiritual, tendo obtido uma compreensão mais profunda de nossas situações. Essa é a tarefa do discernimento espiritual.

3. Preparar o encontro

Depois de refletir sobre algumas dificuldades que podem surgir em um encontro e apontar as atitudes que ajudarão positivamente a melhorar a comunicação, veremos agora algumas propostas para aproveitar ao máximo nosso encontro de acompanhamento espiritual.

Antes do encontro

Antes do encontro, podemos prepará-lo de várias formas: por exemplo, *revendo as anotações* feitas após o encontro anterior, lembrando o dia e horário do próximo encontro e prestando atenção nas tarefas que nos foram propostas ou nas orientações recebidas. Preparamo-nos para o encontro escrevendo em nosso caderno pessoal, mas também pedindo a Deus que nos ilumine e a nosso acompanhante. Essa preparação pode incluir um tempo de oração sobre o momento do nosso processo, sobre o caminho que percorremos. Assim, buscamos primeiro a Deus e depois a ajuda de outras pessoas.

Então selecionamos os *temas* que queremos tratar, analisando de alguma forma (discernindo) tudo o que queremos dizer, anotando nossas certezas e as perplexidades que existam. Se durante esse tempo houver um evento mais significativo, é conveniente incluir uma reflexão sobre ele. Por exemplo, se fizemos um retiro ou exercícios espirituais, se houve alguma mudança em nós mesmos ou em nosso ambiente (em questões de saúde, família ou trabalho)..., podemos revisar em nossas notas os exames da oração e do dia, as moções registradas.

Às vezes ajuda fazer um pequeno esboço do que queremos dizer, embora depois a conversa possa tomar outros rumos. Contudo, é importante tentarmos identificar qual é a questão que nos preocupa dessa vez, que nos parece mais significativa ou que é mais central. Nem sempre será um problema, mas pode ser uma alegria, uma etapa que se consolida, uma conquista ou um dom espiritual em nossa forma de viver cada dia. Para esta memória dos temas da conversa, podem ser lembrados os conteúdos usuais de todo o acompanhamento espiritual recebido[8].

De tempos em tempos (como seis meses ou um ano) também podemos fazer um pequeno *balanço do caminho percorrido*, primeiro em particular e depois com o acompanhante, como uma avaliação dos temas abordados, a impressão do progresso ou da resistência que percebemos em nós mesmos. Trata-se de recordar os objetivos a que nos propusemos, reformulá-los à luz de outras questões que se surgiram e perceber as nossas falhas ou limitações. É também ocasião para confirmar os progressos realizados, as novidades na nossa relação com Deus e com os outros, as nossas mudanças de foco e perspectiva.

---

8. No Capítulo II, foram apresentadas algumas questões importantes. No Capítulo V, serão indicadas outras questões que também podem ser úteis a esta preparação.

Durante o encontro

Se prepararmos o encontro com antecedência, será mais fácil ao longo dele ordenar um pouco os temas que queremos tratar e aprofundá-los com mais facilidade, como foi dito anteriormente. No início, podemos nos referir à *tonalidade geral do tempo decorrido* desde o último encontro, com expressões mais ou menos gerais, como, por exemplo: "Estou muito feliz", "Estou um pouco desanimado com tal coisa", ou "Neste último intervalo de tempo surgiram algumas novidades significativas". Nessa primeira parte do relato já se podem mostrar alguns pontos significativos das nossas alegrias e tristezas, da experiência de consolações e desolações espirituais. Em seguida, podemos apresentar uma revisão das tarefas recebidas ou os resultados do trabalho proposto, ou uma reflexão realizada por nós. Por exemplo, para um rapaz pode ser sua aplicação aos estudos, e, para outro, o relacionamento com uma amiga ou com a namorada; para uma jovem que está terminando sua graduação, pode ser uma escolha sobre seu futuro, e para uma mulher trabalhadora e mãe de família, a forma como cuida do filho mais velho, um tanto problemático.

Outro momento da conversa deve ser direcionado para tentar ver onde temos descoberto o *Deus sempre presente* em nossas vidas. Em todos os encontros de acompanhamento espiritual pode haver um momento para falar sobre o olhar que dirigimos ao Deus que buscamos na oração, que celebramos nos sacramentos, que procuramos encontrar em todas as coisas; o Deus de quem nos sentimos próximos ou que parece estar se afastando de nós, que nos anima e acompanha ou que parece estar indiferente às nossas lutas; o Deus do esforço e da superação ou o Deus da paz e do sossego.

Nos encontros de acompanhamento devemos reservar algum tempo para *apresentar os problemas* que mais vivenciamos desde o último encontro. Às vezes, podem estar relacionados a algum dado objetivo da vida que traz algo novo, como no caso de uma doença, uma viagem, mudanças no trabalho, nas relações familiares, conjugais ou comunitárias. Outras vezes podem ocorrer mudanças afetivas significativas que se traduzem em alegrias ou tristezas, ansiedades ou preocupações, dúvidas ou perplexidades, apegos e rejeições. Expor nossos estados de espírito e as causas que atribuímos a eles é uma forma muito útil de encontrar os temas mais significativos de nossas vidas e descobrir as áreas que precisam ser trabalhadas, porque o sentimento do coração indicará muito daquilo que consideramos como nosso tesouro vital (cf. Mt 6,21).

Antes de terminar o encontro, é conveniente *concluir os tópicos* que ainda estão em aberto, sem deixar muitos assuntos iniciados e inexplorados. Dessa forma, podemos tirar dúvidas pendentes ou comunicar algo que nos preocupa, para não deixarmos o encontro inquietos. Também podemos perguntar se nosso acompanhante deseja que trabalhemos sobre um determinado tema a partir de agora, se ele nos propõe que usemos algum instrumento específico para nos ajudar em nossa vida espiritual, ou nos deixa a iniciativa de continuar como bem entendermos. E, antes de nos despedirmos, é sempre conveniente marcar a data e a hora da próxima sessão, com a pauta em mãos, para não deixar o próximo encontro muito impreciso.

O diálogo no encontro

O diálogo de acompanhamento é construído a partir da comunicação, da escuta e do discernimento. Sobre a comunicação, indicamos algumas coisas nas páginas anteriores. Sobre a escuta e o diálogo do discernimento, propomos algo a seguir. No acompanhamento espiritual, muitas vezes poderemos *pedir orientação* sobre situações ou critérios. Nossa postura pode assim mostrar essa atitude do discípulo que quer aprender, embora não queira que tudo seja feito para ele; que pede sugestões, pois sabe que nem sempre boas ideias lhe surgem; que aceita, sem sentir-se humilhado, a orientação de outra pessoa, mas não quer, de modo algum, depender dela.

Pedir orientações, sugestões ou opiniões não é uma atitude infantil, mas sim madura e adulta, desde que antes se tenha feito algum esforço, como já foi dito, de buscar e encontrar a solução por nós mesmos. É por isso que, na conversa de acompanhamento espiritual, devemos ouvir o que a pessoa que nos acompanha quer nos dizer e buscar esclarecer sua opinião para que nenhum ponto fique obscuro.

De qualquer forma, cada acompanhante tentará nos ajudar com suas propostas ou sugestões ao longo das sessões de acompanhamento. É por isso que devemos ouvir o que eles nos dizem, seja muito ou pouco, seja de forma detalhada ou resumida. Às vezes, algumas frases funcionam como aforismos ou máximas que resumem ideias importantes; outras vezes, uma explicação mais longa parece necessária para entendermos melhor algum processo mais complexo. O acompanhante pode nos fazer perguntas para nos entender melhor ou que nos ajudem a falar. Também pode nos pedir mais detalhes de alguma situação, ou nos explicar alguma perspectiva que a teologia ou a doutrina da Igreja tem sobre determinada questão moral ou espiritual, e que não consideramos. Outras vezes, simplesmente, nos convidará a continuar investigando o que estamos dizendo, ou nos perguntará se temos alguma ideia de como resolver o problema que levantamos.

As intervenções dos acompanhantes nos encontros podem ser muito diversas. Também podem ter como objetivo nos fazer refletir sobre suas palavras mais adiante ou nos indicar um tema sobre o qual orar. Por exemplo, por meio de alguma alusão a uma citação bíblica ou a uma palavra de Jesus para aprofundarmos, a partir da fé, nossa resposta a uma situação que não vivemos com paz; ou talvez nos indiquem a leitura de um livro que nos ajudará em determinada ocasião; ou nos sugiram alguma atividade a realizar ou alguma outra forma de agir em nossas vidas. Ao receber essas sugestões, podemos tentar colocar em prática aquilo que nos ajuda, e, se não soubermos como superar uma situação, podemos perguntar como superá-la.

Dessa forma, o que foi ouvido do acompanhante também é elaborado a partir de nossa própria perspectiva, ou seja, escutamos as sugestões e orientações, mas nós mesmos aplicamos os recursos que temos para colocá-las (ou não) em prática. Ora, como pessoas acompanhadas, não nos situamos passivamente, mas com a responsabilidade assumida e com a criatividade que Deus nos concedeu (e que cultivamos) para viver a vida cristã segundo a nossa vocação particular. Conciliamos, assim, a docilidade espiritual, tão recomendada em toda a tradição cristã, com a responsabilidade dos cristãos que querem ser adultos na fé e responder por si mesmos a Deus que os chama.

Se devemos escutar, no encontro também é conveniente que falemos. O discernimento espiritual, parte importante de todo acompanhamento, implica esse diálogo que, de nossa parte, expõe sentimentos e pensamentos de todo tipo, até nos sentirmos empaticamente compreendidos pela pessoa que nos acompanha. O diálogo pode, de ambas as partes, explorar, aprofundar, contrastar, discordar e concordar sobre as diferentes situações apresentadas[9]. O diálogo também pode ficar em aberto com frequência, para que suas conclusões sejam ou não confirmadas na vida, e retomadas no próximo encontro.

Depois do encontro

Logo após o encontro, para não esquecermos as coisas, podemos pensar sobre o que conversamos e *anotar* as principais coisas

---

9. O diálogo parte sempre da confiança fundamental no interlocutor, pois "é necessário pressupor que todo bom cristão deve estar mais pronto a salvar a proposição do próximo do que a condená-la": INÁCIO DE LOYOLA, *Exercícios Espirituais*, n. 22.

que gostamos de escutar, que nos esclareceram ou que nos questionaram. Algumas vezes, teremos material para rezar um dia sobre ele: sobre alguma observação, um texto evangélico, uma determinada proposta, um aspecto de nossa personalidade que descobrimos mais claramente... Nossa oração se tornará assim mais existencial, pois incorporará pouco a pouco toda a vida: problemas, conflitos, crescimento e projetos.

Depois do encontro, em última análise, fica a tarefa de sermos cristãos por nós mesmos, utilizando todas as propostas que a tradição cristã põe à nossa disposição. Como responder aos convites que nossa fé nos faz e que muitas vezes são lembrados no encontro de acompanhamento? Ao colocar em prática as recomendações que surgiram no encontro ou as linhas gerais da nossa vida cristã, devemos ser dóceis e diligentes, mas sempre com *fidelidade criativa*. Não se trata tanto de observar externamente a literalidade das sugestões ou propostas, mas de aplicar em diferentes circunstâncias (que só cada um de nós conhece e experimenta) os resultados que vimos e que livremente acolhemos.

Em muitas situações, os acompanhantes não pretendem detalhar a conduta que a pessoa acompanhada deve assumir, mas sim sugerir novos comportamentos que reflitam a nova compreensão das coisas que ela adquire. E, assim, cada um de nós busca uma forma de aplicar as sugestões que nos foram feitas em diferentes circunstâncias. Por exemplo, combater a timidez ou a pusilanimidade; reagir contra a nossa preguiça; encorajar a nossa iniciativa apostólica; aprender a perdoar e praticar a mansidão; rezar de forma diferente; reduzir o protagonismo em nosso voluntariado; ou sorrir um pouco mais. A virtude proposta (humana ou divina) pode ser praticada de muitas maneiras, e a fidelidade criativa nos ajuda a torná-la mais pessoal e autêntica.

Nesse esforço de praticar imaginativamente os novos *insights* obtidos no encontro de acompanhamento espiritual, temos de deixar algum espaço para o nosso *direito de errar*, que é muito humano e até divino. Nem todas as tentativas dão certo, seja por falta ou por excesso. Por exemplo, alguém que está convencido de que deve ser mais assertivo pode às vezes ser um pouco abrupto; aqueles que devem praticar a paciência podem às vezes perdê-la ou, ao contrário, mostrar-se brandos demais; quem deve restringir seus relacionamentos e buscar um pouco mais de sossego e ordem em sua vida pode ser considerado, por certo tempo, um pouco isolado; e assim por diante. Contudo, o período de "tentativa e erro" leva tempo e, ao tentar, chega-se ao meio-termo, no qual geralmente está a virtude.

Junto com o direito de errar, devemos também manter o direito de corrigir. Daí a importância, ao longo do acompanhamento, da *perseverança* e da *repetição*. De nossa parte, precisamos da continuidade, da repetição de comportamentos, da consolidação de hábitos, da estratégia de longo prazo. Na vida espiritual, as mudanças de tendências não ocorrem em períodos curtos, nem se manifestam em poucas etapas do caminho. Por isso, a perseverança é condição para obter o fruto espiritual (cf. Lc 8,15)[10] e manifesta nossa esperança escatológica, porque, simplesmente, jamais chegaremos nesta vida ao fim último de nossa existência. Nem o horizonte inalcançável do nosso caminho nem a fragilidade manifesta da nossa condição humana nos permitem deixar de pensar no trabalho a longo prazo, em recomeçar muitas vezes o mesmo processo, na decisão voluntária de continuar.

Nosso acompanhante certamente terá de nos repetir várias vezes as mesmas coisas, já que as estruturas pessoais fundamentais e as dinâmicas internas de cada pessoa não mudam muito rapidamente. É normal que nos esqueçamos, várias vezes, das observações que não gostamos de ouvir ou que resistamos a mudar comportamentos que consideramos gratificantes.

---

10. "A [semente] que caiu em terra boa são os que [...] produzem fruto à custa de sua perseverança."

Para o bem e para o mal, não somos tão imprevisíveis, mas as repetições do acompanhante e nossa perseverança nos ajudarão a formar uma textura renovada e resistente para forjar nossa vida cristã. Portanto, para progredir no acompanhamento, devemos repetir comportamentos, experimentar o pequeno gesto capaz de desbloquear uma situação paralisante, quebrar uma inércia por meio de uma mudança oportuna, saber dizer "não" na hora certa, ou, ao contrário, ousar pronunciar um "sim" determinado e corajoso[11]. Deus abençoará esse pequeno esforço, porque ele ama a virtude, e a virtude é coragem em ação, é colocar em prática o que sabemos ser bom.

Para viver nossa vida cristã diária, no próximo capítulo ofereceremos algumas ferramentas mais específicas. No entanto, para além do uso de uma ou outra ferramenta espiritual, a vida cristã configura-se levando em conta o fim e o sentido que tem. O caminho cristão é percorrido olhando fixamente para o horizonte; é procurar e encontrar a Deus em tudo, cumprindo a sua vontade tanto quanto possível e saber que o próprio Senhor sempre nos acompanha ao longo do caminho e que nos espera no final dele.

---

11. "Convém muito não reduzir os desejos, confiando em Deus que, se nos esforçarmos, poderemos chegar – pouco a pouco, embora não logo – ao ponto alcançado por tantos santos com o Seu favor": TERESA DE JESUS, *Livro da Vida*, 13,2.

V
Praticar o que foi dito no encontro

Vimos nos capítulos anteriores quais tópicos podem ser discutidos no acompanhamento e como praticá-los com mais proveito. O que fazer após o encontro de acompanhamento espiritual? Comprometer-nos de novo com a nossa vocação particular, começando pelas tarefas que recebemos em nosso diálogo; discernir a nossa oração e a nossa vida de cada dia; tomar a iniciativa da nossa práxis cristã, escolhendo tanto nas pequenas como nas grandes coisas, segundo critérios evangélicos.

1. Praticar a vida cristã

Para lidar com os *temas tratados* no encontro de acompanhamento, começa-se por relembrar o tema central que surgiu na nossa conversa e procurar novas formas de viver aquela situação, sempre com reta intenção e um pouco de vontade[1]. Por exemplo, o estudante

---

1. "O Senhor logo me fez compreender como favorece os que se esforçam por servi-lo": Teresa de Jesus, *Livro da Vida*, 4,2. A santa alude continuamente ao quanto a determinação ajuda (cf. 9,3; 11,13; 15,13).

que necessita deve realizar seus estudos profissionalmente, dedicando mais horas a eles. O servidor público pode ter que melhorar seu trabalho profissional, desempenhá-lo de forma eficiente e honesta, embora nem todos os seus colegas o façam. Uma pessoa terá que escolher um estado de vida e refletir de uma vez por todas sobre sua decisão vocacional, à qual resiste demais. Outra pessoa sabe que deve perseverar em sua primeira vocação, que foi um autêntico chamado de Deus, mesmo que naquele momento lhe seja difícil viver algumas de suas exigências. E, assim, cada pessoa deve enfrentar a questão mais central para si naquele momento de seu processo espiritual.

Além de tratar das questões mais significativas que surgiram no último encontro, o que devemos fazer sempre é *praticar a vida cristã* de acordo com o nosso estado de vida. O que significa praticar todos os dias as virtudes teologais, que são a fé, a caridade e a esperança, ou seja, *continuar buscando a Deus* na oração, nos sacramentos e em todas as coisas; *continuar amando o próximo* como a nós mesmos, que se traduzirá em cuidar de nossas relações com os outros, os mais próximos e os mais distantes; e *lutar* neste mundo *pela causa do Reino*, que se concretiza em diversos compromissos em favor da humanidade, com espírito construtivo e esperançoso, com fortaleza de ânimo.

Tudo isso deve ser feito de acordo com a *vocação particular* de cada um. Poderíamos dizer que o monge deve rezar, cuidar da liturgia, esforçar-se no estudo e no trabalho manual que lhe corresponda, bem como conviver em comunidade e ajudar, segundo a sua vocação, aqueles que o procuram. O sacerdote deve alimentar a sua oração, cuidar da celebração dos sacramentos com o povo a ele confiado, preparar a catequese e a formação dos leigos, estimular o serviço da caridade, acompanhar as pessoas na fé e exercer as demais tarefas de seu ministério. E do mesmo modo devem agir os profissionais no seu trabalho, os casados nas suas famílias, os filhos segundo a condição de filhos, os namorados como cristãos, os leigos nas estruturas sociais e políticas deste mundo. Cada um em seu lugar, e todos abertos ao Espírito. Assim o recomendava João Batista aos que vinham ouvi-lo, e assim indicam também as cartas do Novo Testamento às diversas comunidades (cf. Lc 3,10-14; Ef 5,21–6,9; Cl 3,18–4,1; 1Tm 6,1-2.17-19; 1Pd 2,11–3,17).

A vida cristã, embora cada pessoa deva vivê-la segundo a própria vocação, tem muitas vias, comuns a todas as vocações, nas quais se alimenta e se expressa. É uma vida de fé acolhida e professada, celebrada pela liturgia e pelos sacramentos, pela oração pessoal e pelo serviço ao próximo. Sempre mediante uma inserção na Igreja concretizada em uma comunidade viva de fé. Toda a *vida litúrgica da Igreja*, na qual Cristo significa e realiza o seu mistério salvífico, gira em torno da Eucaristia e dos outros sacramentos, que são sinais eficazes de graça para quem os celebra com a devida disposição. Quando possível, é importante participar com frequência da *Eucaristia*, fonte e ápice de toda a vida cristã, em que o próprio Senhor nos é oferecido e quando nos é permitido nos configurar a ele um pouco mais a cada dia.

Mas o pecado é uma realidade constante em nossas vidas, porque até o justo cai sete vezes, ainda que se levante tantas vezes e Deus sempre o perdoe (cf. Pr 24,16; ver também Lc 17,4). A *Reconciliação* ou *Penitência* se estabelece como sacramento de cura para podermos reconhecer nossas faltas e receber o perdão de Deus na Igreja. Embora, como cristãos conscientes, tenhamos escolhido seguir Jesus e queiramos imitar consistentemente seu exemplo, a verdade é que nem sempre conseguimos. A natureza humana resiste a ser transformada em Cristo e, com maior ou menor consciência e liberdade de nossa parte, nos desviamos do caminho a ser empreendido.

Contudo, esse sacramento não é tão facilmente compreendido hoje como há algum tempo. Por isso, ele requer uma preparação mais cuidadosa da nossa parte e, se possível, uma celebração que ajude a exprimir e a viver melhor o que significa. No que diz respeito à nossa preparação para o sacramento, costuma ser muito útil realizá-la em clima de oração, e talvez em um momento de retiro, para favorecer a mudança de mentalidade que se exige. Para dar o devido enfoque ao exame de consciência, buscar a repercussão afetiva (que podemos chamar de "devoção") daquilo que fazemos. Como acontece em tantas situações da vida espiritual, uma disposição adequada para receber a graça da reconciliação ajuda mais do que um esquema meticuloso de exame das faltas.

A *oração*, tanto pessoal como comunitária, constitui outra dimensão necessária da vida cristã que costuma ser mais bem compreendida após o acompanhamento. A oração nos abre ao mistério de nós mesmos e de Deus, nos dispõe a escutá-lo melhor e nos permite expressar de forma absolutamente pessoal nossa relação íntima com ele, única e irrepetível. Existem diferentes formas de oração, com raízes bíblicas, como a bênção, a adoração, a petição (de perdão ou referente a qualquer necessidade), a intercessão pelos outros, a ação de graças, o louvor... E também a tradição da Igreja nos mostra diferentes modos de oração mental: meditação, contemplação, silêncio ou presença[2]. A oração é sempre um caminho pessoal, cujos modos e efeitos podem mudar e crescer ao longo de nossas vidas, pois a comunicação de Deus não tem outro limite senão a nossa própria disposição e capacidade, como nos lembram os santos repetidamente.

Mas também a chamada *leitura espiritual* pode nos ajudar muito a alimentar nossa oração, bem como a nos formarmos melhor como cristãos. É um recurso clássico de toda a tradição espiritual, pois bons livros têm ajudado muitas pessoas a ver como o Espírito age no coração humano e a conhecer muitos modos de viver em diversas vocações particulares. O primeiro livro a ser lido com interesse é a

---

2. "Eu buscava com todas as forças manter dentro de mim Jesus Cristo, nosso bem e Senhor, sendo esse o meu modo de oração. Se me ocorria algum passo da Paixão, eu o representava no meu íntimo": TERESA DE JESUS, *Livro da Vida*, 4,7.

Bíblia, onde se encontra tudo o que Deus quer nos comunicar para o nosso bem integral, desde que o escutemos quando lermos as Escrituras[3]. Outras leituras recomendadas são boas vidas de santos, que tenham um mínimo de rigor histórico e apresentem o cerne do que significam suas vidas ontem e hoje.

Também pode ser muito útil ler textos selecionados da tradição espiritual, especialmente se tivermos sensibilidade ou treinamento humanístico para colocá-los adequadamente em seu contexto e captar a mensagem central. E, claro, outros escritos atuais sobre espiritualidade que usam uma linguagem culturalmente mais atualizada e mostram uma sensibilidade contemporânea. Outras *leituras formativas* podem ajudar mais diretamente a conhecer a própria Escritura ou as verdades da fé, as suas implicações práticas e também a encorajar respostas criativas a Deus neste mundo em mudança. A ressonância de nossas leituras pode ser apresentada no encontro de acompanhamento espiritual, para melhor integrá-las ao estágio particular de nosso caminho espiritual.

Certamente, um dos frutos do bom acompanhamento é que nos orienta a viver a fé em grupo. Isso implica, sempre segundo a nossa vocação particular, *participar de uma comunidade de fé*, que pode ser a própria paróquia, uma associação ou um movimento. Em suma, uma comunidade de vida cristã na qual compartilhamos e alimentamos a fé, rezamos em comum, refletimos e dialogamos sobre nossa missão pessoal na Igreja. Para uma pessoa leiga, a primeira comunidade de fé é sua própria família. Por isso, ela deve ouvir seu cônjuge, seus filhos ou seus pais e compartilhar a fé com eles. Se possível, rezando juntos em algum momento e também tomando juntos algumas importantes decisões familiares com critérios cristãos. Para uma pessoa consagrada, sua comunidade de referência é aquela a

---

3. Concílio Vaticano II, *Dei Verbum*, n. 25.

que pertence, com seus companheiros ou suas companheiras de congregação e seus superiores ou superioras. Para um seminarista, sua comunidade está no seminário. Para um sacerdote diocesano será a comunidade presbiteral, sua equipe de trabalho e sua paróquia. Em todo caso, a vida comunitária nos insere melhor na Igreja, nos ajuda a participar dela e facilita nossa vida cristã por meio da relação fraterna, da revisão de vida, da reconciliação comum, do trabalho conjunto e da missão recebida e acompanhada.

Portanto, se uma pessoa não tem uma comunidade de referência quando inicia seu acompanhamento espiritual, é provável que essa necessidade surja aos poucos e ela terá de procurá-la, mesmo que não seja fácil escolher a comunidade viva na qual se inserir. A decisão pode ser tomada mediante uma aproximação gradual. Por exemplo, conhecendo pessoas daquela comunidade e observando seu estilo de vida e espiritualidade; também falando pessoalmente com quem está encarregado de acolher novos membros; talvez participando ocasionalmente de alguma de suas reuniões ou atividades. Finalmente, deve-se lembrar de que nenhuma associação ou grupo é perfeito e, portanto, a pretensão de encontrar a comunidade perfeitamente adequada, que atenda a todos os requisitos possíveis de um ideal cristão, é uma expectativa irrealista. Contudo, o Senhor não deixará sem comunidade o bom cristão que se propõe a procurá-la.

Outra dimensão muito típica da vida cristã é a do *serviço ao próximo*, exercendo a caridade da maneira que corresponde a cada pessoa. Primeiro no ambiente mais próximo e depois dirigindo o olhar para as necessidades de outras pessoas geográfica ou sociologicamente mais distantes. Cada um de nós, sem dúvida, tem seus chamados, e também cada acompanhante pode nos orientar ou sugerir, em determinado momento, alguns lugares para ir prestar esse serviço. Certamente, a ajuda ao próximo e a caridade, como tudo na vida cristã, também devem ser praticadas com discernimento, exercendo esses serviços e examinando o que nos acontece ao assumir tal compromisso. Mas seria muito improvável que uma vida cristã não fosse convidada a manifestar o mesmo amor que se tem a Deus em gestos concretos de amor ao próximo, pois não se pode amar a Deus e ignorar o irmão. Não se pode separar os dois mandamentos que resumem toda a lei (cf. 1Jo 2,9 e Mt 22,39-40, respectivamente).

Instrumentos

Alguns instrumentos podem nos ajudar a viver nossa vida de compromisso cristão com mais consciência e profundidade. Os que apresentamos a seguir são ferramentas que vêm da experiência pastoral e da tradição espiritual, especialmente a inaciana, e que talvez possamos praticar com algum fruto.

O *caderno de anotações pessoais* é a forma mais simples e prática de nos ajudar a viver nosso dia a dia com maior lucidez espiritual. Nele, podemos fazer anotações espirituais de todo tipo, como nosso resumo ou preparação dos encontros, a seleção dos textos ou pontos de oração e seu discernimento; também as luzes que obtemos nos diversos exames... e qualquer pensamento, ideia ou sentimento que temos e podemos expressá-los também por meio de gráficos ou desenhos. Um caderno que nos permita reler algo, discernir mais lentamente um acontecimento e confirmar o nosso caminho de fé.

Contudo, devemos formular o firme propósito de não mostrá-lo a ninguém, para evitar a tentação do narcisismo espiritual e não nos poupar de escrever nele as verdades mais cruas sobre nós mesmos[4].

O gênero literário do caderno pode ser variado, pois inclui anotações variadas, análises de situações diversas, discernimento da

---

[4]. Não é necessário mostrar o caderno ao acompanhante espiritual, mesmo que o levemos para o encontro com ele, pois basta que lhe comuniquemos a todo momento tudo o que consideramos significativo para que ele nos conheça e nos oriente.

oração, indicação de textos bíblicos significativos, algumas orações pessoais a Deus, a preparação da confissão, o projeto de vida ou notas para escolher algo. Na verdade, tudo o que ajude a nossa vida cristã pode ser anotado em tal caderno, embora algumas de suas páginas possam ser destruídas logo após escrevê-las, para não nos distrair com belos sentimentos e orações devotas do passado, ou para evitar deixar registradas anotações desnecessárias.

Para algumas pessoas, esse escrito pode assumir a forma de um *diário espiritual*, no qual narram as vicissitudes do seu espírito ao longo dos dias, lendo em profundidade os acontecimentos diários e vendo o seu significado cristão à luz do Evangelho. Não é, portanto, uma simples crônica dos acontecimentos passados ou uma previsão da agenda futura, mas um escrito verdadeiramente espiritual, onde os fatos adquirem sentido por meio do discernimento cristão.

Um dos instrumentos que nos tempos mais recentes é utilizado com alguma frequência é a elaboração de um *projeto pessoal* para uma época específica, como, por exemplo, um ano letivo ou um ano civil. Na perspectiva inaciana, pode ser vinculada à chamada *reforma de vida*[5]. Um projeto é um propósito elaborado, uma intenção articulada em alguns meios operacionais, que mapeia prioridades e objetivos com indicações para aplicá-los e avaliá-los. Existem diferentes modelos válidos para articulá-lo, e talvez o melhor seja aquele que cada pessoa elabora para sua situação particular. Em todo caso, uma revisão periódica do projeto pessoal, tanto de modo privado quanto em diálogo com o acompanhante, nos ajudará a ajustar os fins e os meios, a acertar o essencial e a ser realistas em nosso caminho.

A força desse instrumento não reside tanto na organização das matérias como em dois outros eixos: a inspiração espiritual original e a condensação dos bons desejos em algumas pequenas concreções

---

5. INÁCIO DE LOYOLA, *Exercícios Espirituais*, n. 189 (reforma de vida).

progressivas e avaliáveis. A primeira inspiração pode derivar do que aconteceu em um retiro de oração ou em alguns exercícios espirituais, e sem ela não basta ter vontade de mudar. É a moção de Deus que move a mudar, a fazer ou deixar de fazer, a dizer ou calar, a fazer-se presente ou estar mais afastado. Deus sempre nos move, e devemos concretizar essa moção genérica e global em realizações intramundanas concretas. É claro que o esboço geral dos conteúdos de um projeto pessoal pode se inspirar nos conteúdos que indicamos anteriormente, quando falamos do encontro de acompanhamento, pois abrangem o cerne da vida cristã.

Outro instrumento muito mais preciso e concreto consiste em trabalhar por um determinado tempo (quatro ou seis semanas, por exemplo) para *combater um defeito ou promover uma determinada virtude*[6]. A hipótese de partida é que um defeito nosso nos parece particularmente inconveniente e queremos fazer um esforço para mantê-lo sob controle ou erradicá-lo completamente. A proposta é esforçar-se para se conscientizar sobre aquele determinado comportamento e verificar quando e em que medida ele ocorre. A maneira de fazer isso é propor-se pela manhã (em clima de oração) a lutar contra tal defeito e examinar, duas vezes ao dia, como estamos obtendo algum fruto com a atenção ao defeito e a aplicação de nossa vontade de mudança. Em cada um desses dois exames, são registradas as faltas, comparadas com o período anterior e verificados os progressos que reforçam a estima de quem assim traçou tal objetivo.

Esse instrumento, muito semelhante às técnicas modernas de autocontrole comportamental, também pode ser aplicado a outras intenções positivas, como promover uma virtude ou uma prática, mais ou menos importante, que achamos conveniente dentro do nosso projeto de vida. Por exemplo: colaborar mais nos afazeres

---

6. Ibid., n. 24-31 (exame particular).

domésticos, comunicar-se mais afetivamente em família, ser menos grosseiro com algumas pessoas, praticar a assertividade necessária ou aprender a morder a língua algumas vezes. Na verdade, podemos experimentar qualquer coisa específica que faça parte de uma dinâmica significativa do nosso comportamento ou que simbolicamente represente uma mudança de tendência nessa dinâmica. É um recurso muito útil no início da vida espiritual, embora Santo Inácio o tenha utilizado ao longo de sua vida, e o recomendado a pessoas muito avançadas em virtude.

Em fases posteriores do caminho espiritual, outro sistema, aparentemente paradoxal, pode ser utilizado *para se ordenar em tudo*[7]. Aqui o objeto do trabalho não é tanto um defeito específico que podemos controlar e corrigir, mas sim apetites naturais de cuja satisfação não podemos prescindir, como a comida ou a bebida. Esse sistema de "ordenação" tem sido aplicado também às relações interpessoais, à utilização das redes sociais e da internet, à leitura, ao tipo de roupa que se compra e usa, aos recursos financeiros necessários à vida ou ao apostolado... A proposta se desenvolve em quatro fases e traça um itinerário ascético e místico para se alcançar uma vida humanamente racional e cristãmente ordenada.

Santo Inácio dá o exemplo da alimentação; de nossa parte, podemos estabelecer o paralelo com outros assuntos que mais nos interessam para nossa aplicação. Uma vez detectado o apetite ou a área desordenada que se deseja trabalhar, gula, por exemplo, a primeira medida é a abstinência, que consiste em limitar deliberadamente o consumo de alimentos delicados e bebidas inconvenientes. O critério para ordenar-se no comer e beber deve ser o benefício à saúde, de modo que a abstinência deve ser aplicada a alimentos e bebidas que prejudicam ou desordenam a pessoa. Após essa primeira medida de

---

7. Inspirado em INÁCIO DE LOYOLA, *Exercícios Espirituais*, n. 210-217 (regras para ordenar-se ao comer).

controle razoável, e dado que muitas vezes algum apetite permanece desordenado, propõe-se a penitência, que é uma medida ascética mais radical. Trata-se de privar-se em parte até do que parece conveniente, para encontrar (no jejum, na separação do que nos parecia irrenunciável) a liberdade pessoal e chegar ao ponto adequado.

Essa etapa ascética se completa com outra nitidamente mística, pois, para se ordenar (no comer, no beber, no uso das coisas necessárias), sugere-se prestar atenção a Jesus na sua humanidade, para tentar imitar o seu modo de lidar com esses apetites naturais, agindo como ele faria. Por fim, sugere-se o equilíbrio do razoável. Tendo passado pelas fases que chamamos de "ascética" e "mística", pede-se à pessoa que se mostre e seja "senhora de si mesma" no comer e no beber, e em tudo o que faz, para que saiba sempre se controlar. Isso pode ser reforçado programando com antecedência, logo após a satisfação de uma necessidade (comida, por exemplo), qual a medida adequada para a próxima vez que ela tiver que ser satisfeita (para a próxima refeição).

Sobre todos esses instrumentos existe bastante literatura escrita, mas quem melhor pode aplicá-los à pessoa acompanhada é o acompanhante. E o mesmo acontece com outros dois recursos muito valiosos, que explicaremos a seguir, para ajudar a discernir a oração pessoal e a vida.

2. Discernir a cada dia

Discernir é sentir as próprias moções para conhecer sua origem e seu valor, e, assim, chegar a compreender o sentido que elas têm em nossa oração e em nossa vida. O discernimento se apura no trabalho pessoal e privado, assim como no diálogo de acompanhamento, que é um período muito oportuno para aprimorar a prática de buscar e encontrar a vontade de Deus. Vejamos abaixo alguns pontos sobre isso.

Discernir a oração

Preparar antecipadamente a oração pessoal e depois discernir o que acontece em uma hora de oração é mais importante do que orar por duas horas seguidas. Pelo menos, é assim que parece entender Inácio de Loyola, que, em seus *Exercícios Espirituais* completos, não propõe períodos muito longos de oração, mas organiza o dia para possibilitar apenas quatro ou cinco horas de oração, embora muito bem preparadas e discernidas. Discernir o que acontece em nossa oração pessoal nos possibilita crescer em sua prática e compreender mais claramente a linguagem de Deus. Em um esquema simples, podemos indicar cinco campos de análise ou discernimento e, em cada um deles, nos deter brevemente[8], dedicando-lhes dez ou quinze minutos imediatamente após terminar nossa oração pessoal, para registrar por escrito o que discernimos.

Podemos dirigir nosso primeiro olhar para o que fizemos e a maneira como o fizemos, isto é, recordar as *condições externas da oração*, como o local (uma capela, uma sala, um jardim...), o tempo empregado, a postura corporal adotada (ajoelhado, sentado, em pé, prostrado...), o texto utilizado (um salmo, um profeta, uma cena evangélica, um escrito espiritual...). Também podemos recordar método de oração usamos (oração vocal, meditação, contemplação, exame, *lectio divina*...), pois cada método tem seu ritmo particular que devemos seguir. Especialmente importantes são os preâmbulos, tão úteis no início de qualquer oração.

Por isso, podemos nos perguntar: se recolhemos um pouco o espírito antes de começar; se fizemos silêncio em nosso interior; se sentimos a presença de Deus (que nos olha)[9]; se pedimos alguma

---

8. INÁCIO DE LOYOLA, *Exercícios Espirituais*, n. 77. O texto é extremamente resumido. O que propomos aqui foi deduzido de suas propostas para a oração ao longo do livro dos *Exercícios*.

9. "Naturalmente, todos estão sempre diante de Deus; mas para quem trata da oração isso ocorre em outro plano; enquanto estes percebem que o Senhor os olha,

coisa (o fruto da oração); se seguimos algum conteúdo particular (os pontos da oração); se buscamos mais o afeto do que o conhecimento; se paramos ali onde encontramos algum gosto espiritual ou alguma verdade particularmente significativa...

Um segundo aspecto que pode ser examinado é a qualidade e a força dos *sentimentos espirituais* que experimentamos na oração, lembrando os principais, que podem ser reduzidos basicamente à consolação ou à desolação. A *consolação* é experimentada como gosto espiritual, alegria, amor intenso, lágrimas, paz, suavidade; implica desprendimento de si mesmo, libertação de apegos e interesses egoístas de coisas secundárias[10], e produz forte atração pelas virtudes teologais (fé, esperança, amor) e crescimento nelas, com inclinação para as coisas de Deus e para o bem dos outros.

A *desolação* é o oposto e é percebida na forma de escuridão, perturbação, desgosto, secura, preguiça, descontentamento, tristeza, agitação, tentações ou combate. São sentimentos que nos distanciam de Deus e das suas coisas, que nos levam a desejar apenas o bem imediato e presente e que nos fecham no egoísmo. A desolação enfraquece a fé, desanima a esperança e extingue a verdadeira caridade.

Mas em cada uma das situações, seja consolação ou desolação, temos de analisar não só o sentimento, mas a presença de Deus nela, porque Deus geralmente fala por meio da consolação; porém, às vezes se aproveita do remorso da nossa consciência para mostrar que ele é maior que nossa consciência e que existem outros caminhos para continuar avançando. E também acontece que o mau espírito às vezes se serve de consolações com alguma causa humana, que se constituem em patente engano espiritual. Além disso, o progresso

---

os outros conseguem às vezes passar muitos dias sem nenhuma lembrança de que Deus os vê": TERESA DE JESUS, *Livro da Vida*, 8,2.

10. Pois "uma só coisa é necessária": estar aos pés do Senhor como discípulo (cf. Lc 10,42).

espiritual não se encontra em belos sentimentos, mas na entrega generosa ao serviço de Deus[11].

O terceiro aspecto que podemos examinar, intimamente relacionado com o anterior, tem a ver com o que refletimos, com os *pensamentos* que tivemos, com as luzes ou iluminações experimentadas ao longo da oração. Geralmente, sentimentos e pensamentos se misturam ao longo de cada oração, de modo que às vezes um sentimento gera planos ou pensamentos, enquanto outras vezes um pensamento provoca emoções. Discernir pensamentos significa lembrar, evocar, imaginar, entender, compreender, raciocinar, relacionar, ver com clareza, concluir, deduzir, julgar. Trata-se de discernir o conteúdo dos pensamentos que surgem na oração, como as coisas que Deus nos faz ver ou nos comunica, mas também tentações, distrações e dificuldades. Esses conteúdos podem se referir a Deus, às pessoas mais próximas de Jesus, aos santos e às santas; ou à nossa própria pessoa, aos nossos pensamentos ou ideias sobre o caráter pessoal, à vida cristã que levamos, às nossas próprias relações ou deveres... Discernir os pensamentos, mais uma vez, implica distinguir os pensamentos que vêm de Deus (do bom espírito) daqueles que são livremente nossos ou que talvez venham do mau espírito. Em todo caso, não convém valorizar excessivamente os pensamentos e a reflexão na oração, porque "não é o muito saber que sacia e satisfaz a pessoa, mas o sentir e saborear as coisas internamente"[12].

A quarta questão que pode ser examinada e discernida na oração é se houve *inclinações para fazer* alguma coisa boa, tomar alguma decisão, praticar uma virtude ou evitar uma ocasião de pecado. A moção para fazer algo bom não ocorre em todas as orações, mas é

---

11. "Pois o amor de Deus não está em ter lágrimas nem em ter esses gostos e essa ternura que em geral desejamos e com os quais nos consolamos, mas em servir com justiça, força de ânimo e humildade": TERESA DE JESUS, *Livro da Vida*, 11,13.

12. INÁCIO DE LOYOLA, *Exercícios Espirituais*, n. 2.

provável que haja alguns apelos repetidos ou persistentes, visto que Deus nos diz as coisas repetidamente. Pode se tratar de desejos de fazer algo, de tomar pequenas ou grandes decisões, de oferecer algo a Deus ou aos outros. Outras vezes, essas conexões entre a oração e a vida podem ser levantadas por nós mesmos durante a oração; por exemplo, perguntando-nos "o que isso que estou vendo, sentindo, rezando tem a ver comigo". Procuramos assim as consequências daquilo que meditamos ou contemplamos para a nossa pessoa ou para a nossa relação com Deus e com os outros. E, assim, tiramos mais proveito disso, porque a oração nos envolve e nos muda pouco a pouco.

Concluímos nosso discernimento da oração agradecendo a Deus pelo que nos deu ou buscando nos corrigir, se quisermos melhorar nossa forma de orar daquele momento em diante.

Discernir a vida

Ao discernir, procuramos sentir e conhecer as moções de Deus para aceitá-las e agir de acordo com elas. No discernimento também descobrimos as moções do mau espírito para rejeitá-las e não agir de acordo com suas indicações. De modo que o discernimento seja voltado para a ação, para acertar nas decisões que tomamos. O discernimento nos fornece uma espécie de "piloto automático" para responder a Deus em qualquer circunstância. E, se aplicamos o discernimento à oração, também devemos aplicá-lo a tudo na vida.

Em princípio, as indicações feitas sobre o discernimento da oração são úteis também para o discernimento da vida. Dessa forma, antes de tudo, precisamos *dedicar certo tempo* todos os dias a essa tarefa. Caso contrário nos será impossível analisar as coisas com alguma profundidade e continuaremos vivendo no nível das certezas do bom senso, sem mais profundidade do que a verificação empírica das coisas, vagamente retidas na vaga memória delas. Esse momento diário pode ser um tempo de oração que reservamos para tomar consciência das coisas, um *exame de consciência* que pretende ser um verdadeiro exercício de discernimento espiritual, e não apenas uma análise reflexiva.

Uma maneira de discernir cada dia é aproveitar a tradição do *exame geral do dia*[13] (realizado uma ou duas vezes por dia) e completá-lo com alguns elementos específicos para o discernimento. O que esse exercício busca é lembrar os pensamentos ou moções que continuamente surgem dentro de nós e que têm diferentes origens. Visa também lembrar as palavras mal ou bem ditas, ou talvez as silenciadas, assim como o que fizemos bem ou mal. É, em princípio, um exame do mau e do bom, mas também do consciente e do menos óbvio, do que vemos claramente e do que apenas intuímos. É um exercício de busca e alerta espiritual, embora seja também um esforço para obter maior autenticidade moral.

De fato, o exame inaciano começa por *dar graças a Deus* pelos benefícios recebidos ao longo do dia, o que nos ajuda a estabelecer uma perspectiva positiva e de fé sobre o que nos aconteceu de bom, sobre o que fizemos bem, sobre nossas qualidades bem utilizadas. Mas também é um olhar positivo sobre o que não parece tão bom à primeira vista, sobre adversidades e frustrações, sobre nossas limitações ou dificuldades. Porque o Senhor também estava lá, e não apreciamos a sua presença; ou porque reconhecer essa realidade nos purifica e nos faz crescer; porque nos torna mais desapegados ou porque nos ajuda a atender à única coisa importante. Agradecer é um exercício de discernimento, porque nos leva a não atribuirmos simplesmente coisas boas a nós mesmos, a aceitarmos que em parte elas vêm de fora de nós e a nos reconectarmos com o Criador de tudo. Agradecer nos torna mais humildes... e mais realistas.

---

13. Inspiramo-nos nas indicações de Inácio de Loyola, *Exercícios Espirituais*, n. 43.

Depois de agradecer, no exame inaciano pede-se a *graça para conhecer os pecados* e as faltas. A culpa psicológica, sem dúvida, nos prega peças de tempos em tempos, acusando nossa consciência de múltiplas fragilidades. É inútil pedir desculpas racionalmente se o perfeccionismo ou o narcisismo nos impedem de admitir falhas em nós mesmos. Por isso, é sábio pedir essa graça: para não olharmos as falhas apenas do nosso ponto de vista, para não nos castigarmos prematuramente ou mais do que o necessário, para não analisarmos a realidade apenas com um olhar humano. Pedimos para nos vermos como Deus nos vê, para nos considerarmos sempre filhos e criaturas amadas, ainda que sejamos filhos pródigos acolhidos pelo Pai das misericórdias (cf. Lc 15,20; 2Cor 1,13). Pedir a graça contribui para que o nosso discernimento não seja apenas produto da nossa introspecção analítica, mas também do olhar de fé, do olhar que Deus nos dirige: um olhar compreensivo, profundo, acolhedor, que convida a caminhar.

Só em terceiro lugar, e não antes, *se pede contas à alma* do que fez, o que pode ser realizado de maneira mais ou menos ordenada, olhando os tempos e as circunstâncias, e repassando pensamentos, palavras e atos, buscando tanto o mal cometido como o bem omitido. Poderíamos dizer que essa parte do exercício seria estritamente o "exame de consciência", que, por assim dizer, não deveria nos ocupar mais do que a quinta parte de todo o tempo dedicado a esse discernimento do dia.

Pois bem, o importante não é o quanto ou o que nos falta, mas aceitar que nem sempre somos coerentes com o rumo que queremos dar à nossa vida. Por outro lado, seguindo a lógica do que dissemos, é importante trazer à consciência todas as nossas opções, boas e más, pois todas elas moldam a nossa consciência da presença de Deus e a nossa resposta a ele. Talvez devamos dizer algo semelhante ao que fala o patriarca Jacó: "Deus esteve presente neste dia, e eu não o sabia" (Gn 28,16). Onde estivestes, como me visitastes, como posso vos conhecer melhor amanhã?

Em seguida, pedimos *perdão a Deus* pelas coisas reconhecidas como maliciosas ou que não foram adequadas, porque, cada vez que tomamos essas decisões, enfraquecemos nosso relacionamento com ele e comprometemos nossa identidade radical de filhos e filhas de Deus. Deus nos perdoa antes de fazermos nosso pedido; porém, de nossa parte, pedir perdão é também um ato de responsabilidade, de aceitação da própria verdade, de lucidez e autenticidade pessoal.

Pedir perdão também ressalta nossa dimensão social, pois podemos considerar se talvez devêssemos pedir desculpas a alguém que ofendemos. Porque, depois de pedir perdão a Deus, podemos, com sua graça e ajuda, *propor-nos a retificar e/ou confirmar* (na parte correspondente) nossas intenções, operações e ações daquele dia. Dessa forma, o discernimento se torna operacional, orienta-se para a vida, para as relações e para a nossa projeção futura neste mundo. Ao mesmo tempo, podemos agradecer mais uma vez pelas boas ações descobertas agora em nossa jornada, pelo seguimento consistente, pelo caminho percorrido.

Discernir o bem

Todo cristão que reza e discerne todos os dias faz muitas boas obras, nas quais expressa seu seguimento do Senhor. São pequenas ou grandes opções que vai assumindo e que concretizam o seu compromisso com a família e os demais, por meio de um empenho apostólico ou social, de uma catequese, de um voluntariado ou da colaboração gratuita com uma causa justa. Para quem quer acertar em tudo no seguimento do Senhor, esses compromissos cristãos podem ser melhorados, sem dúvida, as não só pela formação sempre necessária para isso, nem pela promessa de uma maior dedicação à tarefa.

O melhor serviço virá, mais profundamente, por meio da purificação da intenção com que se encaram e se cumprem esses compromissos. Porque, às vezes, as pessoas boas podem experimentar certa ambivalência motivacional, que na linguagem tradicional foi formulada como a "batalha e a luta de lidar com Deus e com o mundo" ao mesmo tempo; ou também o esforço de "conciliar esses dois opostos, tão inimigos um do outro: a vida espiritual e o contentamento, os gostos e passatempos sensuais"[14].

Para *discernir e purificar o compromisso cristão*, podemos utilizar um instrumento relativamente simples, que propõe diferentes estratégias para sentir e conhecer sua qualidade[15]. Em primeiro lugar, todo ato generoso continuado, no contato com as pessoas e a serviço delas, desperta em nós, mais cedo ou mais tarde, certo afeto, um apego. É por isso que devemos ver a qualidade desse afeto, para que apenas um amor, que é só a Deus, nos mova a agir assim, e que no relacionamento com tais pessoas essa qualidade de amor seja evidente. De modo que, se isso não estivesse claro, porque sentimos um tipo de amor menos puro, tal atividade seria um tanto questionada. E isso porque sempre ficaria no ar uma dúvida: por que presto tal serviço? Por que eles precisam de mim ou por que preciso deles? Não é, de forma alguma, a mesma coisa, pelo menos para um cristão lúcido.

Outra forma de purificar essas boas obras é imaginar o caso de outra pessoa na mesma situação que a nossa; uma imaginação que busca a objetivação externa de nossa atividade, um olhar equilibrado de fora de nós mesmos: como somos vistos de fora? E para isso podemos nos perguntar: o que pensaríamos de alguém que fizesse o que fazemos? Esse olhar, em clima de oração e discernimento, pode nos

---

14. TERESA DE JESUS, *Livro da Vida*, 8,3 e 7,17, respectivamente. A luta sobre a qual a santa reflete não é apenas externa (com o mundo), mas interna (com gostos sensíveis ou psíquicos).

15. Inspirado nas regras para o ministério da distribuição de esmolas, em INÁCIO DE LOYOLA, *Exercícios Espirituais*, n. 337-344. Essas regras aplicam um dos modos racionais de eleição que apresentaremos mais adiante (e que se encontram nos *Exercícios Espirituais*, n. 184-187).

fazer perceber algumas distorções em nosso comportamento. Pode deixar claro certas preferências, por exemplo, evidenciar a acepção de pessoas, mostrar como administramos nossas simpatias, a falta de equilíbrio na distribuição de nossas forças, do nosso tempo ou dos nossos bens.

Outra pequena estratégia para avaliar a nossa forma de viver o compromisso cristão consiste em nos imaginarmos em uma situação definitiva, que não permite retificação, olhando retrospectivamente desde o fim da nossa vida ou desde a perspectiva de Deus. Estaremos contentes conosco mesmos por termos feito esse serviço dessa maneira? Existe algo que, em última análise, gostaríamos de não ter feito dessa maneira ao cumprir tal compromisso? Existe algo que não seja tão oblativo quanto parece ou como pretendemos? Será que estou procurando vantagens indiretas por realizar essa ação?[16]

As quatro indicações anteriores ajudam muito a verificar a qualidade do nosso vínculo, do nosso envolvimento afetivo nesse bom empreendimento. Pois a afeição sempre a teremos, seja ordenada ou desordenada, e o bom cristão não deve continuar realizando tais atividades, mesmo que sejam boas, até que esteja completamente ordenado em sua afeição. Uma última estratégia que confirma esse desejo de purificar a intenção em nossas boas atividades é que o benefício imediato que recebemos dessa atividade seja mínimo, que aproveitemos o menos possível do serviço prestado. Ora, com essa generosidade procedia Jesus, que não buscava benefícios próprios, fama ou gratificação, mas pura e simplesmente o bem das pessoas, as quais curava, perdoava ou consolava.

As aplicações cotidianas dessas indicações podem ser muito numerosas para quem deseja apurar a sua entrega generosa, pois

---

16. Assume-se sempre que o serviço prestado é bom. O que se examina é a forma como o vivo e o pratico, porque, dessa forma, pode haver ganhos secundários pouco conscientes.

qualquer atividade caritativa, social, educativa ou altruísta, em geral, pode trazer diversas vantagens materiais de *status*, relações ou imagem. E esse serviço pode retornar a quem o realiza sob a forma de gratificação pessoal pelo agradecimento dos destinatários, pelo seu caráter social exemplar, pelas realizações efetivamente alcançadas ou pelo exercício profissional e técnico das suas habilidades. O caminho do seguimento de Jesus é um longo itinerário, e o bom cristão quer seguir sempre "de bem a melhor no serviço de Deus", sem se deixar enganar por coisas boas, mas procurando sempre o melhor.

3. Tomar decisões

Discernimos para nos conhecermos melhor e saber o que Deus quer de nós, mas também discernimos para agir, pois tanto a vida cotidiana quanto a espiritualidade cristã nos pedem continuamente para tomar pequenas e grandes decisões. Ao decidir, escolhemos e crescemos; ao escolher, orientamos nossa vida em alguma direção e damos a ela certo sentido. Jesus decidiu continuamente: por exemplo, deixar a casa de sua família, aproximar-se do Batista, ir ao deserto, viver na precariedade econômica, pregar o Reino pelas cidades e aldeias, reunir discípulos, lidar com todo tipo de gente e subir a Jerusalém para consumar sua obra.

Para nós, cristãos, o mais significativo em muitos casos não é tanto esta ou aquela decisão que tomamos, mas o fato de nos tornarmos atores de nossa existência e não nos resignarmos a ser meros espectadores passivos do que acontece em nossas vidas. São frequentemente pequenas decisões que, no entanto, remetem a opções mais radicais nas principais áreas da nossa existência[17].

---

17. Exemplo de decisão radical: "Sendo tão doente, enquanto não me resolvi a desprezar o corpo e a vida, sempre estive amarrada, sem nenhuma utilidade": TERESA DE JESUS, *Livro da Vida*, 13,7.

Mas às vezes o objeto do nosso discernimento pode ser algo mais concreto e que nos pede uma decisão significativa. Essas situações não são resolvidas rapidamente, mas requerem tempo e oração. Por exemplo, pode ser uma escolha de estudos ou profissão; aceitar ou não uma bolsa de estudos ou um emprego em outro país; buscar ou não uma promoção no trabalho, ou planejar uma mudança da casa da família. Outras questões importantes podem ser a decisão entre estudos profissionais ou um diploma universitário; o momento de início da vida laboral, com a aceitação das condições de trabalho; a compra de uma casa; alguns investimentos econômicos importantes; inúmeras decisões da empresa; a solução de alguma crise familiar ou de casal etc. Pode tratar-se também de saber se devemos manter, promover ou limitar uma relação de amizade, que é agradável, mas talvez nos magoe, ou uma relação afetiva que não sabemos se devemos alimentar. Podemos nos deparar com questões familiares importantes, como cuidar de pais idosos ou a necessidade de redistribuir tempos e prioridades para assumir tarefas domésticas. Ou talvez antes de uma eleição de estado de vida ou da necessidade de decidir sobre situações de vida já assumidas, como separações conjugais ou crises na vocação consagrada ou sacerdotal.

A decisão cristã é tomada não só em questões importantes como as acima mencionadas, mas também nas pequenas, quando aplicamos a opção radical que supõe todo seguimento do Senhor. Nas pequenas eleições, muitas vezes é decidido o rumo da nossa vida, pois a natureza social da nossa condição humana nos torna muito influenciados pelo meio (próximo e distante, familiar e cultural); e as nossas decisões costumam ser altamente condicionadas por esse meio, às vezes de uma forma muito sutil. Está em jogo a questão de quem está no comando da nossa vida, pois a cada decisão nos tornamos mais livres ou, pelo menos, decidimos sob quais influências queremos nos mover. Então, como discernir e eleger corretamente?

Decisões importantes podem ser tomadas por qualquer pessoa de várias maneiras, inclusive as menos maduras. As formas inadequadas de decidir são aquelas derivadas da impulsividade, da pura reação instintiva, dos raciocínios que não incorporam os dados objetivos ou que não têm fundamento lógico. Também é impróprio deixar que as decisões importantes de nossa vida sejam tomadas por outros, por exemplo, seguir cegamente as opiniões de pessoas relevantes para nós. E é também uma forma imatura de decisão deixar que venha por si só, que as circunstâncias da vida determinem consequências irremediáveis, ou talvez esperar que as soluções cheguem quase magicamente. No entanto, existem, ao nosso alcance, outras formas mais maduras de tomar decisões, baseadas, sobretudo, no uso da racionalidade, embora a tradição espiritual use e integre não apenas a racionalidade, mas também a afetividade e as moções espirituais. Referimo-nos a seguir a essas formas cristãs de eleição[18].

A primeira coisa que deve ser feita é definir bem o *objeto* da eleição, aquilo sobre o qual temos que decidir. Essa pergunta deve estar dentro dos limites do que é próprio do cristão, tanto do ponto de vista teórico da doutrina como do ponto de vista prático da resposta moral. Esse é um primeiro marco objetivo, já que coisas moralmente más, contrárias ao Evangelho, não podem ser escolhidas de forma cristã. Contudo, em casos duvidosos, o acompanhamento espiritual pode esclarecer os problemas que surgem, que com o tempo são esclarecidos por meio da instrução, do discernimento e de decisões parciais. Tampouco se pode decidir lucidamente sobre algo obscuro, mal esclarecido, ou sobre vários temas ao mesmo tempo. Cada eleição deve ser feita sobre uma única questão, e também é claro que qualquer processo de eleição deve começar por um objeto

---

18. Inspiramo-nos nos modos inacianos de eleição: INÁCIO DE LOYOLA, *Exercícios Espirituais*, n. 169-189. Há muita literatura sobre a eleição cristã que o acompanhante pode explicar ou fornecer.

mais geral, mesmo que posteriormente deva ser eleito algum aspecto mais particular incluído na primeira eleição.

Disposições para a eleição

Uma vez definido o objeto, buscam-se as disposições pessoais adequadas, para posteriormente aplicar os modos de eleição. A principal disposição subjetiva para qualquer eleição é a decisão clara e honesta de buscar e cumprir a vontade de Deus. Quem elege quer fazer o que Deus lhe inspire, mesmo que isso implique esforço ou algum custo pessoal. Essa atitude pode ser chamada de "liberdade interior", "indiferença", "disponibilidade" ou "docilidade espiritual". São expressões que não procuram fomentar a apatia, a falta de iniciativa ou de atração, a repressão do desejo, mas procuram formular a liberdade afetiva de quem só quer escolher o que Deus quer, ainda que sinta certamente uma natural atração para outras opções.

Consequentemente, essa atitude implica a capacidade de renunciar às próprias motivações, se elas não estiverem de acordo com o que Deus parece querer para nós. Contrasta a essa atitude a inclinação interessada em fazer o que gostamos, em buscar o que nos gratifica aqui e agora, em decidir segundo os nossos interesses imediatos e não os de Jesus Cristo (cf. Fl 2,21).

A essa indiferença espiritual que apresentamos, podemos também opor qualquer afeição desordenada que nos faça pensar e raciocinar para justificar a nossa opção interesseira. Ela pode consistir no apego a certas pessoas, lugares, opções políticas ou ideológicas, *status* social, interesses econômicos ou outros objetos de interesse. Um apego desordenado, principalmente se não for muito consciente, costuma nos levar a justificar, por meio de diferentes mecanismos de defesa, aquilo que inconscientemente nos interessa e, assim, não nos permite ser livres para decidir sobre o que é melhor.

De modo que essa capacidade de ouvir tanto nossos próprios desejos e motivações quanto as moções ou inspirações de Deus é que nos permite escolher o melhor para nós e para o Reino, desde que façamos livremente (ou seja, sem preconceitos, sem posições já tomadas, sem inclinações desordenadas) o discernimento das moções que sentimos e a reflexão sobre as razões que nos são oferecidas.

Um exemplo: uma pessoa consagrada se sente feliz em seu posto de missão (uma escola, por exemplo, ou uma paróquia ou um centro de espiritualidade), mas adota uma atitude de indiferença. É possível que ela escute e aceite uma proposta que lhe venha de fora, talvez de Deus em sua oração, ou de seus superiores que propõem uma mudança para outra comunidade ou tarefa. Essa pessoa pode eleger com liberdade. Imagine um jovem que esteja muito interessado em estudar em uma cidade ou determinado centro, mas reconhece as dificuldades econômicas de seus pais. Não querendo prejudicar os estudos de seus irmãos menores, livremente renuncia a esses estudos e se conforma pacificamente com estudar em um lugar mais acessível à economia familiar. Neste caso, ele parece estar indiferente e não desordenadamente apegado ao seu projeto pessoal. E, assim, em muitos outros casos, as pessoas podem abrir mão de seu interesse imediato por um bem maior.

Ao contrário, sem essa liberdade interior não há liberdade efetiva e verdadeira. Por exemplo, se certa pessoa consagrada está muito feliz e apegada a seu trabalho ou cargo (na cozinha, na portaria, na mesa de um escritório ou na direção) e resiste a mudar de cargo por aquilo que considera "bons motivos", é provável que não escute nem aceite as sugestões externas que recebe, e também será muito difícil que perceba as moções suaves de Deus para mudar de lugar, porque Deus respeita nossa liberdade e não costuma se comunicar com tanta estridência que cale nossos próprios ruídos interiores. Vemos isso também no caso de um jovem cegamente apaixonado por uma moça que, na opinião de muitos, não lhe traz qualquer bem. É muito provável que, enquanto durar essa paixão, não ouça vozes externas ou internas que indiquem que talvez deva mudar a frequência dos encontros ou o modo de viver essa relação. É que a melhor das razões não será capaz de convencer um coração fortemente afetado e inclinado.

Dispor-se espiritualmente

Para chegar à disposição adequada a uma eleição cristã, não basta o esforço, de certo modo ascético, para se desprender das afeições desordenadas, mas é muito melhor sentir uma potente afeição ordenada: o amor a Jesus Cristo, conhecido, amado e seguido até as últimas consequências. É necessária aquela disposição que poderíamos chamar de "mística" e que é convicção, segurança, atração e desejo de fazer o que mais se assemelha a Cristo (imitação) ou mais nos aproxima dele (seguimento). Na verdade, essa disposição é fruto de um percurso de oração anterior à própria eleição, cujos principais marcos podemos apontar. Qualquer pessoa que precise tomar uma decisão importante fará bem em tentar se preparar com essa jornada espiritual que propomos e que pode consumir algum tempo[19].

Uma espécie de primeira condição é a capacidade de introspecção, de sentir e conhecer as próprias moções interiores, humanas e divinas, de reconhecer suas qualidades, apegos e limitações. Então, essa pessoa deve saber olhar o mundo com olhos de fé e não de pura materialidade empírica; ver-se como uma criatura agraciada neste mundo que Deus colocou à sua disposição; reconhecer-se afetada (e nem sempre indiferente) diante dos diversos projetos vitais que lhe são oferecidos e que a atraem. No entanto, essa pessoa quer estar

---

19. A seguir se resume o itinerário que os Exercícios Espirituais inacianos propõem antes da eleição, que se revela como um ótimo caminho espiritual para uma boa decisão cristã.

consciente de seu destino, buscar o que preenche sua alma, comprometer-se com seu Deus em todas as suas decisões.

O itinerário de uma boa eleição passa também pelo reconhecimento de ser um pecador salvo por Deus. O reconhecimento dessa salvação provoca uma correspondência agradecida a Jesus, que tanto fez por nós. A pessoa se vê como alguém capaz de alimentar pretensões ilusórias, mas também de se corrigir, de buscar as raízes de sua desordem e de caminhar humildemente atrás de Jesus. Por isso, percorre um caminho necessariamente crivado de decisões que a levam a romper com o homem velho e construir o homem novo de que fala São Paulo.

Nesse caminho, a pessoa costuma experimentar diversos estados espirituais, consolações e desolações, que a familiarizam com a linguagem de Deus e a tornam mais resistente e lúcida diante da tentação. Apesar da sua luta contra o próprio pecado, tem consciência das raízes pessoais e culturais de seu pecado, raízes intrapsíquicas (a desordem das operações, na linguagem inaciana) e influências socioculturais (coisas mundanas e vãs). Esse conhecimento a torna crítica, e não ingênua, diante das atrações internas e externas que experimenta, pois algumas dessas atrações podem predispô-la a eleger o que não é bom. Como resultado da meditação sobre o pecado e suas raízes, ela se torna mais humilde (realista) e reconciliada por Deus.

Essa pessoa sente-se, então, pessoalmente chamada por Jesus a segui-lo em um empreendimento ambicioso (nada menos do que estabelecer o Reino de Deus), mas no qual o Senhor caminha sempre à frente e continuamente a acompanha. E ela quer se envolver nesse empreendimento e nessa forma de seguimento. Contemplando também a vida histórica de Jesus, conhece nos Evangelhos a predileção do Senhor pela pobreza e pela humildade, pelo desapego de si mesmo e pelo cuidado com o bem dos outros. A lógica de Deus para a eleição dos meios mais eficazes para o Reino (pobreza e humildade) é muito diferente da lógica humana para transformar a realidade, pois essa confia mais na eficácia do ter e do poder. Mas quem deseja eleger de maneira cristã pede para conhecer cada vez melhor Jesus e sua lógica, quer assimilar seus critérios de eleição e está decidido a seguir sempre este Senhor.

Quem assim reza e quer comprometer-se no seguimento livre, pobre e humilde de Jesus, não só se despoja dos seus apegos egoístas, mas quer apenas eleger o que mais diretamente o leve a realizar o desígnio de Deus para a sua vida; e não pela pressão de sua consciência autoexigente, mas pelo amor gratuito e agradecido a quem o libertou de suas dinâmicas autodestrutivas[20]. Dessa forma, realiza-se uma purificação do amor, visto que se veem os falsos caminhos, os afetos aparentemente bons, os caminhos fáceis que o cristão tem que desmascarar antes de eleger. É um amor lúcido, que conhece a possibilidade de haver enganos na generosidade do amor; um amor fiel, que não se distrai com outros afetos; e um amor purificado na prova, na contradição e na aceitação, por amor, de um caminho tão paradoxal como o da cruz de Cristo.

Três procedimentos para a eleição

Estabelecido o objeto da eleição e tendo a disposição interior de liberdade para fazê-la, que deve ser confirmada pelo acompanhante, podemos aplicar alguns dos modos de eleição cristã. Em resumo, podemos dizer que uma decisão pode ser tomada por meio de três tipos de processos antropológicos, em todos os quais sabemos que Deus pode intervir: (1) Pela inclinação da nossa vontade, que Deus pode mover; (2) Pelo discernimento das inclinações afetivas que reconhecemos como provenientes do bom espírito; e (3) pelo uso equilibrado da razão iluminada pela fé, que nos inclina ao melhor.

---

[20]. "Louvado seja o Senhor que me livrou de mim mesma": TERESA DE JESUS, *Livro da Vida*, 23,1.

Nestes três procedimentos, do ponto de vista antropológico, estão sucessivamente envolvidas a vontade, a afetividade e a racionalidade humanas. Para praticá-los, a maioria dos mestres espirituais costuma aconselhar passar sucessivamente cada eleição importante pelos três modos, para que a convergência dos três confirme de forma mais tranquila aquele que elege.

Um primeiro modo de eleição, portanto, consiste em experimentar que *Deus move nossa vontade* de tal maneira que seguimos o que ele nos propõe. Há, então, uma atração de Deus, uma certeza e segurança de que essa é a vontade de Deus, e uma persuasão de estar seguindo o tipo de chamado ou eleição. Às vezes pode parecer que é um modo extraordinário[21], mas em graus mais simples talvez todos nós já o tenhamos experimentado alguma vez.

Por exemplo, há quem tenha experimentado esse modo de proceder de Deus ao tomar a decisão sobre o seu estado de vida, ao sentir uma vocação missionária, ao pedir aos seus superiores uma designação para um país de missão, ao dedicar-se a uma causa social ... Não é apenas dizer: "Eu vejo claramente", mas sentir a própria vontade movida por Outro, perceber que "sou levado". Nesses casos, a decisão é imposta (suavemente ou com mais força) de maneira bastante rápida e óbvia, de modo que longos períodos de reflexão e oração não se acumulam necessariamente.

Uma segunda maneira de eleição é *tomar decisões por meio do discernimento*. Nessa situação, a pessoa sente moções espirituais de consolação que ela identifica e discerne como vindas de Deus ou do bom espírito, e que a movem em uma determinada direção. "Sinto repetidamente que tal situação é a melhor." Esse modo de eleição requer dedicar certo tempo a experimentar várias moções, pois será normal que nem todas sejam atraentes e na mesma direção, uma vez

---

21. Santo Inácio propõe, como exemplos desse tipo de decisão, o seguimento de Levi (cf. Mt 9,9) e a conversão de São Paulo (cf. At 9,6).

que a melhor inclinação também suscitará diferentes resistências, por meio de agitações ou desolações espirituais. Esse modo de eleição é muito comum e, em geral, considerado de alta qualidade espiritual, pois Deus comumente fala por meio dessas moções espirituais.

Para usar esse procedimento de eleição, pode ajudar, como sabemos, dispor-se a isso e definir bem o objeto do discernimento, com todos os dados necessários que esclareçam a situação e especifiquem suas circunstâncias. Então devemos levar esse objeto de eleição para a oração, diante de Deus, para que ele nos mova para uma coisa ou outra. Nessa oração, e fora dela, é preciso deixar que surjam as moções e os pensamentos, senti-los e conhecê-los, percebê-los e descobrir sua origem. Sentir é experimentar os gostos, atrações e inclinações que eles despertam. Conhecer é ver se essas moções vêm simplesmente da minha natureza e das minhas necessidades psíquicas ou se, ao contrário, vêm de alguma moção espiritual provocada pelo bom espírito e orientada para o maior serviço de Deus.

Qualquer objeto de eleição pode e geralmente desperta sentimentos naturais e espirituais, por assim dizer. Por exemplo, perante uma proposta de mudança de situação profissional, podemos sentir que ela nos atrai (nos alegra, nos "consola"), porque nos proporciona melhores rendimentos econômicos. Mas também ela pode nos perturbar (sentimos algum tipo de tristeza ou "desolação"), porque exigirá mais horas de trabalho, nos manterá afastados da família por mais tempo ou não nos permitirá dedicar tempo para uma atividade social que agora é bastante significativa para nossas vidas. Para o discernimento, os sentimentos que surgem da satisfação de necessidades naturais podem ser identificados como naturais, enquanto os sentimentos espirituais são aqueles que brotam dos valores evangélicos e cristãos que desejamos praticar de acordo com nossa própria vocação.

Conhecer a origem desses sentimentos, distinguindo entre valores evangélicos e motivações de necessidades psíquicas, pode ajudar a ver a qualidade das moções e decidir com mais lucidez quais queremos seguir: valores ou necessidades. Isso porque esses sentimentos naturais funcionam como motivações muito poderosas e podem favorecer a tendência de nosso raciocínio ser elaborado (inconscientemente) para justificar os sentimentos que queremos seguir. Facilmente encontramos motivos para buscar o que nos atrai. Por isso, depois de sentir, é importante o julgamento intelectual do "conhecer", vendo o que minha consciência cristã julga sobre tais sentimentos.

Por outro lado, os sentimentos estão intimamente ligados a diversos pensamentos suscitados em torno do objeto da eleição. No caso anterior, pode haver *insights* sobre a proporção de tempo que achamos justo dedicar a uma ou outra de nossas obrigações de vida, ou pensar quanto dinheiro precisamos para o tipo de vida que devemos viver, ou se nossa realização profissional é nesse momento importante para determinados propósitos de nossas vidas.

À medida que projetamos certa clareza sobre os sentimentos e pensamentos que ocupam nossa mente, a origem das moções ou de nossos impulsos para determinadas decisões torna-se progressivamente mais clara. Podemos, por exemplo, identificar que algo (determinado cargo de trabalho) nos atrai pelo conforto, pelo prestígio social ou pelo nível econômico que proporciona; enquanto outra possibilidade (dedicar algumas horas ao voluntariado) nos atrai pelo desejo de servirmos mais, de seguirmos o exemplo de humildade de Jesus, de estarmos ao lado dos mais necessitados, servindo da mesma forma que, tantas vezes, já fomos servidos por outros[22].

Também podemos descobrir aos poucos que certa amizade nos agrada, mas não nos convém. Que uma atividade em que somos

---

22. Pelo contrário, também podemos ver claramente diante de Deus que, por certo tempo, precisamos de certa renda para assumir algumas responsabilidades familiares ou para estabilizar alguma situação precária. Deus nem sempre nos restringe.

bem-sucedidos nos dá prestígio, mas não nos ajuda a crescer, nem ajudamos os outros a serem melhores, e assim por diante. E, no caso de uma eleição de estado de vida, podemos ver, por exemplo, que algumas renúncias laboriosas podem, no entanto, nos prometer a realização de uma entrega total de nossos bens, nossos corações e nossa liberdade a Deus e aos outros. De modo que, a inclinação final é clara, embora não elimine a sensação de certo salto no vazio. Em suma, a eleição por moções é feita com base nas verdadeiras consolações do bom espírito; porém, principalmente quando estamos avançando na vida cristã, convém aguçar nosso discernimento, pois podemos experimentar consolações que, embora tenham uma causa aparente, vêm do espírito maligno e podem nos enganar[23].

Uma terceira forma de eleição cristã, talvez a mais difundida, é feita pela *análise das razões* que a nossa reflexão nos oferece. Trata-se de como chegar a julgar que "vejo isso claramente diante de Deus". Essa forma é considerada racional, mas também deve ser totalmente espiritual. Buscamos a Deus de forma limpa (sem apegos interessados, sem prévias inclinações desordenadas), e o buscamos a partir de nossas razões iluminadas pela fé.

Nesse modo de proceder, em primeiro lugar, é preciso partir do necessário equilíbrio da razão, ou seja, no período em que usamos esse método não experimentamos paixões notáveis ou afeições desordenadas que desequilibrem o uso pacífico e equânime do raciocínio. Isso não é totalmente fácil, porque às vezes alguns desses apegos afetivos têm raízes inconscientes, de modo que não percebemos a afeição que está por trás do nosso aparente equilíbrio. Em todo caso, esse equilíbrio da razão desapaixonada, com verdadeira

---

23. A tradição espiritual cristã, desde os tempos antigos, fala de enganos espirituais, que são apresentados como um bem apenas parcial ou aparente. É um tema muito próprio do discernimento, que não aprofundamos aqui, mas que pode ser personalizado no acompanhamento espiritual. Sobre o fundamento do engano espiritual, ver INÁCIO DE LOYOLA, *Exercícios Espirituais*, n. 331.

liberdade afetiva, pode ser buscado e confirmado pelo acompanhante espiritual.

Na hora de escolher com base em razões, é importante que, entre os motivos considerados, não haja apenas aqueles derivados da lógica humana (o que já é algo significativo), mas, acima de tudo, devem prevalecer as razões e os critérios do Evangelho. É necessário, nessa forma de proceder, recolher toda informação possível, ponderar as causas e razões, intuir as consequências das decisões. Mas sempre temos que adicionar a perspectiva evangélica das situações, considerando o que Deus diria sobre essa decisão.

Imaginemos, por exemplo, uma eleição vocacional: "Será que Deus quer que eu seja sacerdote e, consequentemente, entre no seminário diocesano?". A primeira coisa é formular bem a questão a ser discernida: ser padre. Em sua aplicação mais clássica, as razões são colocadas em duas colunas, com prós e contras, para que, com um olhar sintético, possamos apreciar o peso das razões em cada coluna. Refinando ainda mais esse procedimento, como propõe Inácio de Loyola, essa coluna dupla deve ser feita duas vezes, da seguinte forma: primeiro, cria-se uma coluna dupla com razões a favor e contra a hipótese positiva ("ser padre"), durante vários dias; depois se completa a outra coluna dupla com as razões a favor e contra a hipótese negativa ("não ser padre"). As razões parecem se repetir, em parte, mas o tom e a força de cada razão tendem a ter um valor diferente em cada contexto, porque muda a perspectiva a partir da qual são vistas. Em todo caso, para tomar a decisão, não se considera tanto o número de razões, mas sim o "peso" e a qualidade que cada uma tem em relação à decisão cristã; uma espécie de "coeficiente" que podemos atribuir para avaliar seu valor na decisão global.

Esse sistema racional pode ser completado com outro método também racional, embora mais intuitivo, ao qual já aludimos anteriormente: considerar uma pessoa desconhecida, a quem queremos dar um bom conselho e que se encontra na mesma situação que estamos vivendo no momento. Daí nos perguntar: o que diríamos a ela para fazer? E então fazer o mesmo. Ou ainda nos imaginar no final da vida, olhando o conjunto de toda a nossa existência, considerando o que parecia ser, naquele momento, a melhor escolha. Se esse procedimento for aplicado após o anterior, das colunas com os prós e contras, pensando nas coisas com calma por alguns dias, a convergência dos resultados seria um sinal de que esse é um bom caminho. Em todo caso, ao final da aplicação dos métodos racionais, a tradição inaciana insiste que a decisão tomada por razões deve ser confirmada na oração, isto é, verificar se o Senhor a aceita por meio da consolação espiritual que ele envia a quem assim elegeu a sua vontade.

O conhecido método de *ver, julgar e agir*[24] também parece ser um sistema bastante racional de eleição (nos termos da racionalidade cristã), que, após analisar a realidade, aplica critérios evangélicos e cristãos para julgar a situação e, consequentemente, tomar decisões sobre ela. É um método que pode moldar a espiritualidade de um cristão militante e, por extensão, de todo cristão consciente. Convém, porém, que a fase do "ver" não apenas inclua os aspectos objetivos dos dados da realidade, mas também incorpore a reação subjetiva da pessoa que vê e julga, no sentido de reconhecer as inclinações pessoais que podem estar envolvidas, os apegos que experimenta (apaixonados ou calmos, a favor ou contra). Trata-se de reconhecer o envolvimento afetivo na eleição, que pode distorcer o julgamento cristão, pois as pessoas não são constituídas apenas por uma racionalidade livre e equilibrada.

Os detalhes para a aplicação de qualquer um desses métodos podem ser fornecidos por nosso acompanhante espiritual, quando

---

24. Surgiu por iniciativa do Cardeal Joseph Cardijn (1882-1967), para uso da Juventude Operária Cristã (JOC), da Bélgica, movimento que ele fundou como sacerdote. O método tornou-se clássico na prática da Igreja, incorporou-se em numerosos documentos eclesiais e inspira uma espiritualidade e um estilo de vida.

precisarmos usá-los. É importante ressaltar que os três procedimentos de eleição anteriores foram apresentados para um uso individual, pois essa é a prática usual no acompanhamento espiritual. No entanto, os três métodos, especialmente os dois últimos, também podem ser aplicados de forma grupal ou comunitária, desde que sejam satisfeitas certas condições, entre as quais a capacidade individual dos membros do grupo para eleger e aplicar corretamente o método, além da disposição do grupo de uma partilha calma e respeitosa entre seus membros. Não há dúvida de que a deliberação em comum pode constituir um procedimento sério para buscar a verdade e tomar uma decisão cristã que afete diferentes pessoas.

4. Terminar o acompanhamento espiritual

Nas páginas anteriores, indicamos algumas tarefas e instrumentos para serem postos em prática após cada encontro de acompanhamento. Esse trabalho pessoal ajudará a tornar o próximo encontro com nosso acompanhante mais rico e proveitoso, pois *o acompanhamento espiritual continua*. Assim continuamos a crescer e a contribuir com a nossa iniciativa pessoal no caminho que Deus nos oferece, e haverá tempo para apresentar nossas hesitações e conquistas, para verificar acertos e erros.

Às vezes parecerá que estamos andando para trás, e outras vezes veremos que continuar o combate espiritual já é uma vitória sobre o descaso e o desânimo. E pouco a pouco, sem dúvida, encontraremos o caminho que Deus quer para nós, confirmando um modo comum de proceder que nos mantém mais estáveis no seguimento. Por isso, depois de manter a luta espiritual necessária em nossas vidas, voltamos aos encontros de acompanhamento com mais sabedoria sobre nós mesmos, com mais conhecimento da linguagem de Deus, com mais humildade ao aceitar melhor nossas falhas e com mais esperança. Porque, em alguns dos diversos propósitos que fizemos, vimos que Deus ajuda quem se ajuda e não permite que sejamos provados além de nossas forças (cf. 1Cor 10,13).

Afirmamos que um acompanhamento prolongado pode consolidar boa parte do caminho espiritual; por isso, será frequente esse ir e vir do encontro de acompanhamento para a vida cotidiana. Todavia, o acompanhamento é uma ajuda temporária, e todo *acompanhamento termina em algum momento*, embora, às vezes, seja retomado algum tempo depois, com a mesma pessoa ou com outra, em outro período da vida.

O caminhante percorre o caminho, e a companhia do acompanhante costuma terminar em algum momento, por diversas circunstâncias. Pode ser devido a uma mudança de local de residência ou missão; outras vezes, porque saímos de um grupo, de uma comunidade ou de uma fase de formação; ou ainda porque um dos dois (ou ambos por mútuo acordo) se propôs a estabelecer um momento final e decidem que por um tempo é conveniente que caminhem sozinhos; ou por qualquer outra das muitas circunstâncias que surgem na vida.

O importante é saber *concluir*, especialmente para aqueles que foram acompanhados, por exemplo, agradecendo a ajuda recebida ao longo do caminho, resumindo a experiência e se despedindo com simpatia. Agradecer a ajuda recebida é certamente um reflexo natural e espiritual espontâneo quando nos sentimos bem assistidos; um agradecimento que pode ser muito sincero, embora discreto e contido. Sintetizar o percurso pode ser de grande auxílio para confirmar a nossa visão do caminho trilhado e para acolher as últimas sugestões que nos ajudarão a seguir em frente. O acompanhante pode, por sua vez, compartilhar sua visão conosco, o que talvez complete nossa perspectiva.

Despedir-se amavelmente não é apenas dizer adeus no último encontro, mas separar-se cordialmente do acompanhante, explicitando um pouco mais os sentimentos experimentados nessa separação. É saber que poderíamos continuar recorrendo a ele, mas que já não precisamos, porque é hora de caminhar de outra forma. É também dizer adeus dentro de nosso coração, talvez elaborando a falta de apoio que sentiremos em algum momento, mas valorizando o que significou o acolhimento e a escuta. E, por fim, dar graças a Deus, porque ele coloca pessoas boas no caminho de quem quer encontrá-las.

Nossa capacidade de concluir ou mudar acompanhamento é também prova da liberdade interior e maturidade afetiva de quem não precisa do apoio constante da mesma pessoa, mas assume que o próprio percurso na vida é, sobretudo, da sua responsabilidade e admite que outros podem ajudá-lo em diferentes ocasiões. Embora um acompanhamento possa durar muitos anos, sem gerar dependência e com muito fruto espiritual, o que apontamos aqui é a responsabilidade da pessoa acompanhada de buscar sempre o que Deus quer e, para isso, manter ou encerrar o acompanhamento com liberdade e seriedade.

* * *

Concluir um acompanhamento nos remete de alguma forma a algo que está na base das páginas anteriores: Deus nos chama e sempre nos acompanha. E nós, trabalhando por nós mesmos, abrindo-nos a ele do fundo do coração, podemos avançar com fidelidade e liberdade no seguimento de Jesus. Assim poderemos ver melhor Deus nos outros, como tantas vezes diz o Novo Testamento (Mt 25, por exemplo).

Poderemos ver Deus na natureza, juntamente com tantos santos e santas[25], e, como eles, ver Deus em todas as coisas[26].

---

25. "Eu também me beneficiava de ver campos, águas, flores; encontrava nessas coisas a lembrança do Criador": TERESA DE JESUS, *Livro da Vida*, 9,5.

26. "Recordar os benefícios recebidos da criação, redenção e dons particulares [...]. Olhar como Deus habita nas criaturas [...]. Considerar como Deus trabalha e age por mim em todas as coisas criadas [...]. Olhar como todos os bens e dons descem do alto": INÁCIO DE LOYOLA, *Exercícios Espirituais*, n. 234-237. Ver também TERESA DE JESUS, *Livro da Vida*, 18,15.

Epílogo
Deus nos acompanha em nossa vida espiritual

Muitos conceitos tratados nas páginas anteriores fazem parte de uma longa e rica tradição cristã, relida hoje de acordo com nossa realidade. Ao finalizar nossa exposição queremos aludir, ainda que brevemente, a alguns elementos deste marco que fundamenta e explica um pouco melhor a visão de acompanhamento espiritual aqui apresentada. Esperamos que essas referências permitam a algum leitor compreender melhor algumas passagens do texto ou sentir-se convidado a mergulhar em outras leituras.

Deus nos acompanha

Nós cristãos temos a profunda convicção de que Deus nos conhece, nos ouve e está próximo de nós, o que nos permite nos relacionarmos livremente com ele. Também temos a certeza, mais radical, de que ele também é o nosso fundamento (cf. At 17,28; Cl 1,17).

Somos criados por ele como fruto do seu amor, e somos chamados a retornar a ele por meio de um caminho espiritual que implica toda a nossa vida e a nossa pessoa. O acompanhamento espiritual se inscreve necessariamente nesse movimento radical de retorno à plena comunhão com o Pai. Nesse caminho, ora somos fiéis, ora pecadores, mas o Pai reiterou a sua promessa: quer que todos se salvem e conheçam a verdade (cf. 1Tm 2,4)[1].

A resposta apropriada a essa nova aliança é simplesmente a vida cristã, uma vida como a que Jesus viveu. Esse estilo de vida é seguimento, é imitação do Senhor, é reproduzir em nós a sua vida. É poder dizer, como Paulo: "Já não sou eu que vivo, mas Cristo que vive em mim" (cf. Gl 2,20). Essa maneira de seguir Jesus é recolhida principalmente no ensinamento apostólico que aparece nos Evangelhos e no Novo Testamento. Mas, ultimamente, Deus se revela ao coração humano na própria consciência[2]. Assim, cada pessoa deve responder a esse chamado segundo a sua vocação particular, porque "para cada pessoa o sol guarda um novo raio de luz... e um caminho inexplorado, Deus", como nos lembra o poeta León Felipe.

No Antigo Testamento, essa vontade de um *Deus que acompanha o seu povo* no caminho é percebida de várias formas: ao se aproximar no entardecer para falar com Adão e Eva; ao tratar como amigo os protagonistas do povo, como Abraão, Moisés ou Elias. Ele se faz presente na nuvem que guia e protege o povo peregrino; sente as necessidades de tantas pessoas humildes que recorrem a ele, como Ana, a mãe estéril de Samuel, a viúva Judite ou o banido Tobias. Também Jesus, no Evangelho, chama e ensina, por meio de sinais e palavras, os discípulos que o seguem, e acompanha as pessoas cansadas, os pecadores, os doentes, cumprindo assim a promessa de Deus.

Também a nós, cristãos deste século, esse mesmo Deus nos acompanha nas nossas perplexidades e desconsertos, em nossas decisões e opções, em nossos caminhos retos ou tortuosos. Ele o faz em virtude de uma nova aliança em Jesus Cristo, que nem a infidelidade humana nem a mudança das circunstâncias históricas poderão

---

1. É que Deus "não quer que ninguém se perca" (cf. 2Pd 3,9).
2. Concílio Vaticano II, *Gaudium et Spes*, n. 16.

quebrar (cf. Jr 31,31; Hb 9,15)[3]. O acompanhamento espiritual quer incorporar-se a esse desejo efetivo que Deus tem de acompanhar e salvar a todos.

A vida espiritual como caminho interior

Nossa resposta a Deus é sempre *histórica*, porque seguimos o Senhor desde as nossas coordenadas de espaço e tempo, desde os condicionamentos da nossa realidade cultural, familiar e pessoal. A resposta também é histórica, pois se dá ao longo do tempo, por etapas diferenciadas, em cada uma das quais ocorrem fenômenos diferentes. É aqui que as imagens bíblicas da resposta a Deus são entendidas como um *caminho* que se percorre, como fez Abraão, rumo a um destino que o Senhor não lhe indicou no início do seu chamado. Como um deserto que deve ser atravessado até chegar à terra prometida. Como um novo êxodo, um retorno consolador depois de sofrer as consequências da infidelidade e do rompimento da aliança. Outras imagens de progresso, crescimento ou subida incidem sobre essa mesma ideia, que foi abordada em nossa apresentação anterior.

Falamos da "vida espiritual" e usamos livremente muitas expressões da tradição espiritual cristã que não devem ser mal interpretadas. Essa linguagem espiritual, antiga e moderna, é altamente simbólica, evocativa e, em muitos aspectos, sempre poética[4]; razão pela qual não pode ser bem compreendida a partir de uma perspectiva exclusivamente interessada na objetividade técnico-científica. Quando falamos, por exemplo, de moções, espíritos, consolação, desolação e coisas afins, recolhemos também as ressonâncias simbólicas e afetivas daqueles que na história usaram essas expressões para formular

---

3. "Estarei sempre convosco, até ao fim do mundo" (Mt 28,20).
4. A poesia mística de São João da Cruz é um claro exemplo dessa característica da linguagem religiosa.

experiências quase inefáveis. Essas expressões evocam para nós a reminiscência também afetiva daquelas experiências indescritíveis.

Por outro lado, sabemos que *o sagrado e o profano*, o secular e o religioso, apresentam-se na fenomenologia da religião como duas esferas que uns contrapõem decisivamente e outros contemplam em harmonia integradora. Uma mesma realidade, como o nascimento de um ser humano, o desenvolvimento pessoal, a sexualidade e o amor, a doença e a morte, pode ser contemplada de uma perspectiva profana e secular ou com um enfoque sagrado e religioso. São realidades naturais e profanas ou devemos vê-las como religiosas e sagradas? Como sabemos, Jesus de Nazaré, de alguma forma, rompe com essa diferença entre o sagrado e o profano[5], a qual os primeiros cristãos interpretam mantendo sua visão positiva da criação por meio de um novo olhar sobre toda a realidade, que será incorporada na ressurreição de Jesus Cristo (cf. 1Cor 3,21-23; Cl 1,15-20).

No presente da história, Deus está verdadeiramente em tudo, mas isso não é óbvio e imediato para nossa experiência, porque nosso olhar nem sempre é puro, nossa intenção nem sempre é reta e nossa percepção é parcialmente embotada pela desordem de nossas operações. Se a tradição espiritual cristã afirma que o fiel pode perceber Deus presente em todas as coisas, ao mesmo tempo indica que essa situação ideal ocorre apenas no final de um longo processo espiritual de purificação, e não é evidente em qualquer momento desse caminho[6].

Talvez por essa convicção de promessa já realizada, mas ainda não plenamente desfrutada, a Igreja, ao longo da história, de alguma forma reproduz na sua liturgia, na sua doutrina e nas diversas

---

5. Nem em Garizim nem em Jerusalém o Pai será adorado, mas em espírito e em verdade (cf. Jo 4,20-24).

6. Isso fica claro na espiritualidade inaciana, na qual somente ao final de um longo processo de purificação é possível pedir como graça "em tudo amar e servir a sua divina majestade": INÁCIO DE LOYOLA, *Exercícios Espirituais*, n. 233.

modalidades de espiritualidade a antiga tensão e distância entre o sagrado e o profano, que pode ser mal interpretada em perspectiva dualística. Entretanto, hoje nos parece difícil usar uma linguagem religiosa ou espiritual que possa implicar uma concepção dualista. Precisamente por isso, segundo a nossa perspectiva, o uso de termos "sagrados" ou espirituais não constitui infidelidade a Jesus ou falha na inculturação, nem implica a aceitação de qualquer tipo de dualismo.

Esses termos, ao contrário, refletem a inevitável tensão que vive neste mundo essa criatura internamente dividida que é o ser humano. Não vivemos em perfeita harmonia com nós mesmos ou com nosso ambiente e, por isso, nem sempre podemos nos relacionar "misticamente" com a realidade mundana, tampouco integrar pacificamente o que chamamos de realidades "sagradas" e "profanas" como partes necessárias de um mesmo universo harmônico.

O mundo interior

O que temos chamado de "vida espiritual" está em jogo, de muitas maneiras, dentro do ser humano. Isso não acontece porque o interior (mente, pensamento, afetos, espírito) é propriamente mais importante ou duradouro do que o exterior (corporeidade, atividade, relacionamentos, matéria), mas porque a maioria das ações externas e dos relacionamentos são desencadeados e motivados a partir de nosso interior, incluindo as moções de Deus. Além disso, somente por meio do olhar interior da nossa fé captamos a presença e a ação do Deus que "está" em todas as coisas. Por isso, a tradição espiritual cristã insiste na vida interior e usa muitos conceitos para conhecer a linguagem com a qual Deus nos fala de nosso interior.

Contudo, no interior das pessoas coexistem diferentes linguagens, pois a tradição paulina assume a existência de diferentes influências sobre nós, embora sempre inferiores à de Cristo ressuscitado. Uma dessas influências é a dos *espíritos*[7], às vezes chamados de "anjos", e que se referem a forças que interferem, para o bem ou para o mal, na livre decisão dos seres humanos. O bom e o mau espírito, o bom e o mau anjo, também são reconhecidos pela tradição espiritual, que assim identifica a origem de muitas dificuldades espirituais que o ser humano encontra, mais além de sua liberdade, para ser fiel a Deus. Pois todo cristão, como São Paulo, comete o mal que não quer e nem sempre é capaz de fazer o bem que deseja fazer (cf. Rm 7,15-23).

Com base nessa tradição bíblica e incorporando muitos elementos da filosofia grega, a primeira literatura cristã foi desenvolvendo uma linguagem do mundo interior que fala da "luta espiritual" entre forças opostas, em que intervêm alma, corpo e espírito, vícios e virtudes. A vida espiritual será formulada, em essência, como uma luta espiritual, mas os "demônios" contra os quais os monges lutam, por exemplo, não são seres que existem apenas fora deles, mas formam imagens na pessoa espiritual, pensamentos (*logismói*), miragens, falsas consolações e enganos de todos os tipos. Esses demônios interiores são combatidos com a vigilância do coração e com o discernimento.

Grande parte da luta espiritual estará centrada nesses maus pensamentos, que são imagens, fantasias sensíveis, que atraem e movem o espírito humano e suscitam decisões secretas contra a lei de Deus. Esse mau pensamento (*logismós*) é um "pensamento apaixonado", um afeto desordenado, uma inclinação da própria vontade (T. Špidlik). A espiritualidade cristã posterior retomou e reformulou essa tradição, criando uma variada gama de expressões para o nosso

---

7. Os espíritos de que fala Jesus (cf. Lc 11,26), que se submeteram a ele (cf. Mc 3,11) e aos discípulos (cf. Lc 10,20). Esses espíritos malignos são aludidos na primeira comunidade cristã (cf. At 19,12-13), e seu discernimento é altamente recomendado (cf. 1Cor 12,10; 1Jo 4,1).

mundo interior, com a convicção de que o nosso caminho para Deus passa pelo conhecimento do nosso mundo interior, como nos lembram os místicos[8].

O mundo interior é, ao mesmo tempo, o lugar onde se desenrola essa batalha espiritual e onde se encontra o mais autêntico núcleo de união com Deus, como diz Santo Agostinho. Tudo isso (autenticidade da experiência religiosa e sua conflitividade) coloca a pessoa de fé diante da necessidade do *discernimento espiritual*, que é uma busca complexa da verdade e exige um longo aprendizado com outra pessoa experimentada.

Mas essa busca da verdade, de si mesmo e da linguagem de Deus sempre utilizou uma terminologia antropológica tirada da sabedoria de cada época, assim como as Escrituras[9]. Nesse diálogo entre espiritualidade e antropologia, entraram no século passado os conceitos da psicologia, que em grande parte também formulam o mundo interior das pessoas e tentam explicar sua conduta. Embora esse diálogo tenha suas dificuldades, a espiritualidade, em geral, e o acompanhamento espiritual, em particular, podem se beneficiar muito de um bom relacionamento com a psicologia.

Tudo o que foi dito acima está, de alguma forma, incorporado na visão de acompanhamento espiritual proposta nas páginas anteriores. Um acompanhamento que conta com a ação de Deus em cada um de nós, que supõe que Deus se manifesta em pensamentos e sentimentos, em moções e inclinações. E isso se manifesta também nas circunstâncias históricas de nossa vida, interpretadas em perspectiva de fé. Um acompanhamento espiritual que pede aos dois

---

8. "Esquecimento do criado, memória do criador, atenção ao interior e amor ao Amado" (carta de São João da Cruz). Santo Agostinho lamenta ter procurado a verdade por tanto tempo fora de si mesmo, enquanto a Verdade estava dentro dele.

9. Podemos recordar muitas páginas dos profetas (cf. Jr 11,20; 17,9-10; 18,12). Jesus alude às profundas motivações do coração (cf. Mt 15,19), e o Novo Testamento ecoa a mesma mentalidade (cf. Rm 4,14-25; 1Cor 4,5; Tg 1,13-15; 4,1-3).

interlocutores um trabalho pessoal de discernimento, de contraste com outra pessoa, no qual se comunica toda a vida, porque toda a vida é espiritual. E assim podemos buscar e encontrar mais facilmente a vontade de Deus em nossas vidas.

Ser acompanhados pode nos iluminar notavelmente em nosso caminho vital, mas também, depois de recebermos essa ajuda, podemos nos sentir movidos a oferecer nossa experiência a outras pessoas que queiram seguir Jesus e que talvez não tenham ninguém para orientá-las nessa jornada. Bem, este livro terá mais do que cumprido seu objetivo se conseguir, de alguma forma, ajudar alguém a iniciar um acompanhamento espiritual, praticá-lo com mais proveito ou, por sua vez, se comprometer a ajudar outras pessoas.

Referências bibliográficas

BÍBLIA MENSAGEM DE DEUS. São Paulo: Loyola, ³2016.

CONFERÊNCIA NACIONAL DOS BISPOS DO BRASIL (CNBB). *Catecismo da Igreja Católica*. São Paulo: Loyola, ¹⁹1999.

DOCUMENTOS DO CONCÍLIO ECUMÊNICO VATICANO II. São Paulo: Paulus, 2001.

INÁCIO DE LOYOLA. *Exercícios Espirituais*. São Paulo: Loyola, ³2006. Col. Escritos Inacianos.

TERESA DE JESUS. *Livro da Vida. Leitura orante e pastoral*. São Paulo: Loyola, ⁵2015.

Edições Loyola

editoração impressão acabamento

Rua 1822 nº 341 – Ipiranga
04216-000 São Paulo, SP
T 55 11 3385 8500/8501, 2063 4275
www.loyola.com.br